アシュタール

パラレルワールド

∞の未来

ミナミ Ａ アシュタール®

アシュタール
パラレルワールド
〜∞の未来〜

ミナミAアシュタール®著

目次

「こんにちは、あつしです。
今回は、前著『アシュタール　宇宙の真実　77のディスクロージャー』の第二弾として
またアシュタールにお話を聞いてみたいと思います。
では、アシュタール、今回もよろしくお願いいたします」

「こんにちは、こうしてお話できることに感謝します」


「アシュタールに関しましては、ミナミAアシュタールが今まで出版してきた本の中でも書いていますので、ここでは詳しいご説明は省きたいと思います。

そこからお話をしてしまいますと、ものすごく長い話になってしまいますので、この本を最初に読まれた方は、アシュタールとはどのような存在なのか、是非、前著『アシュタール　宇宙の真実　77のディスクロージャー』をお読みいただければと思います。

ただ一言、アシュタールは宇宙人であり、人類が持っていない知識を持っている存在だということだけお伝えしたいと思います。

そして、この会話はミナミとのテレパシーを使って行われています。

さて、アシュタール、前著では宇宙全般のお話をしていただきましたが、今回は皆様がとても興味をお持ちのパラレルワールドに特化してお話していただきたいと思うのですが、よろしいでしょうか？」

「パラレルワールドですか・・・では、あなたはパラレルワールドについてどのようにお考えですか？　それを教えていただきたいのですが・・・」

「パラレルワールドって、並行世界と呼ばれていると聞いたことがあります。過去に違う選択をしたときにできる世界、並行して成り立っている世界と思っているのですが・・・」

「そうですね、大まかにはその解釈で大丈夫だとは思います。でも、並行世界というニュアンスでは理解しにくいですね。並行世界という言葉になってしまうと、どこかにその現実世界が存在すると思ってしまいます」

「パラレルワールドは、どこかに存在する世界ではないのですか？」

「パラレルワールドは存在します。でも、どこかに存在するということではないのです。宇宙は物質ではなく、エネルギーなのです。それは前著でもお話したと思います」

「それは聞きました。では、パラレルワールドはどこにあるのですか?」

「今の疑問は物質世界の概念を持った上でのご質問になります。宇宙は波動エネルギーなのです。波動エネルギーですので形もありません。ただ波動エネルギーとして存在しているだけなのです。ですから、物質世界のように、ここにありますということではないのです。存在しているけど、あなたが思っているような存在の仕方はしていないということです」

「えっと、また難しい話になりそうですが・・・」

「パラレルワールドという概念は、とても簡単です。あなたが思っているほど難しい概念ではありません。とてもシンプルなのです。何か特別な出来事ではなく、あなたの生活に密着しているものなのです」

「密着と言われても、パラレルワールドは生活とは関係ないと思うのですが・・・」

「では・・・あなたは今朝何を召し上がりましたか?」

「突然ですね・・・今朝ですか・・・パンですけど・・・」

「パンにバターですか?　ハムは載せましたか?」

「バターは塗りましたけど、ハムは食べていません」

「ハムを食べたいとは思いませんでしたか?」

「う〜ん、ハムはどうしようかと悩みましたが、今日はいらないかなと思って食べませんでした」

「それです。それがパラレルワールドなのです」

「どういうことですか?」

「あなたはハムに関して考えました、そして、食べようかどうか悩みました。

そして、食べないという選択をしました。それがパラレルワールドなのです。

あなたはあなたの思考でハムを食べなかった世界とハムを食べた世界を創ったのです。

二つの世界(パラレルワールド)を創造したのです。それが並行世界と言われるものなのです」

□ パラレルワールド

「そんなことなのですか？」

「そんなことなのです。あなたがいつも生活の中でしていることなのです。とてもシンプルで特別な概念ではないのです」

「って言われても、何をどう考えていいか分かりません。もう少し深く教えていただけますか？」

「では、波動エネルギーのことが理解できなければ、パラレルワールドの仕組みや概念も理解しにくいと思いますので、最初に少しだけ波動エネルギーについてお話したいと思います。少しお付き合いくださいね」

「はい、お願いします」

「まず、お話したいのは、あなたが見ている物質世界は幻だということです。あなたが現実だと思っているのは幻であり、あなたが創り出したホログラムだということです」

「私が見ている現実がホログラムなのですか？　ものすごくリアルなのですが、私にはこれがホログラムだとは到底思えないです」

「そうですね、そう思わなければあなたはそのホログラムの世界にいることができないのです。いつも言いますが、思考が先、現実はあと・・・なのです。あなたがあなたの見ている世界が本当に存在すると思っているから、あなたはその現実の中で遊ぶことができるのです。リアルに感じることができるのです。それほどあなたは完璧なホログラムを創り出すことができているということです」

「完璧なホログラムと言われても、ホログラムそのものがよく分からないので、何とお答えしていいのか分かりませんが・・・」

「あなたは身体ではないと前にもお伝えしました」

「はい、私は身体ではなく、私という意識だと教えていただきました」

「そうです、あなたは意識体なのです。意識体であるあなたが、あなたの思考を使ってあなたのホログラムを創っているのです。意識体というのは、私はここに居ると認識している意識なのです。究極を言いますと、あなたは自分が居ると認識しているだけなのです。自分が居ると認識しているから思考が起きてくるのです」

「また、哲学的なお話ですね」

「存在は哲学なのです。宇宙は哲学なのです。哲学という学問を創ってしまうから訳が分からない、難しいと思ってしまうのです。私がここに居る・・・それだけなのです。私がここに居る、その〝ここ〟とは、場所ではないのです。あなたの意識が認識しているだけなのです。

〝ここ〟は自分で創っているのです」

「場所ではないところを創っている？　ところというのは場所ではないのですか？」

「場所というのは、物質的な認識です。物質世界にいるあなたにとって場所、ところというとどうしてもどこかの空間、どこか物質的な感じで捉えてしまいますが、その認識を外していかなければ今からお話するパラレルワールドは理解しにくくなります。

宇宙には時間も空間もありません。宇宙は意識エネルギーなのです。それには形はありません。物質的な形や存在はないのです。これもイメージするのは難しいと思いますが、ちょっとでいいので感じてみてください。何もないのです。でも、自分が居るという意識はあります。

その意識が思考を持って自分の好きな世界を創り出しているのです。

言うなれば夢を見ているような感じですね」

「夢・・・ですか・・・」

「あなたも夢を見ますね？」

「はい、寝ると夢は見ます」

「その夢と同じだと思っていただければ分かりやすいですか？」

「すみません、もっと分かりにくいのですが・・・もしかしてアシュタールは、今私が見ている現実も夢と同じだと言っているのですか？」

「そういう感じです。夢を見ているときは、リアルにその夢の中を生きていませんか？　本当に起きているときのように楽しかったり、怖かったりしますね。夢に出てくる登場人物にも実際に会っているように話をしたりします。どうですか？」

「はい。起きたときには、ほとんど忘れてしまいますが、印象的な夢だと結構リアルに覚えています」

「では、その夢はどこにありますか？」

「どこに？　場所ですか？」

「そうです、どこかにあなたが見た夢の場所がありますか？」

「え？　場所？　夢の？　そんなものはありません。夢ですから・・・」

「それと同じなのです。あなたが現実だと思っていることも、特に過去の出来事だと思っていることも、夢と同じようにどこにも存在しないのです。物質としてどこにも格納されていません。では、どこにあるのでしょうか？」

「夢がどこにあるか？　そんなことは考えたこともないので全く想像もできないです」

「でも、確かに夢は見ました。しかし、それが本当にあった世界かどうかは分かりませんとあなたは思っています。というより本当にあった世界ではなく、自分で創り出した世界だと思いますね。ということは、あなたは、夢は幻だと認識していますね」

「そうですね、本当の世界だとは思いません。まぁ、そういう言い方だと幻の世界を自分で創り出したとも言えます」

「ですから、あなたの現実も、あなたが創り出した幻、ホログラムなのです。どこにも物質的な現実というものは存在しないのです。だから、あなたの今見ているもの、現実はホログラムで、だと思っていたのと同じなのです。現実だと思っているのは、あなたが夢の中で現実宇宙のどこにも存在しないのです。あなたの世界の中だけであなたの意識が創造しているのです。物質的に存在していると思っているのは、あなたの意識が物質として認識しているからです。物質があると想定しているから、物質があると認識するのです。物質はあなたが創り出した幻、ホログラムなのです」

「ちょっと待ってください。私は物質に囲まれています。それを全部自分で創り出したということですか？　でも、他の人も同じ物質を見ています。それはどう考えればいいのですか？」

「同じ物質を見ているということを、どうして確信できるのですか？」

「だって、ここに机があります。その机は他の人もあると認識しています。同じ色で同じ形だと言います。それはその机、物質があるからではないのですか？」

「あなたが白と呼んでいる色は、他の人にも白だと見えるという確証はありますか？」


「ごめんなさい、アシュタール。何を言っているのかよく分かりません」

「あなたはあなたの目でしか見ることはできません。そうですね？」

「はい、そうですね」

「他の人の目を通して見ることはできないのです」

「はい。そうです」

「ならば、他の人が、あなたが思っている白色を白だと認識しているかどうか確かめる方法はないのです。

もしかしたら、他の人が白と認識している色は、あなたが見たら赤かもしれないのです。

あなたは幼い頃にリンゴを見て、これは赤色だよと教えられたかもしれません。あなたはそのときに赤色だと教えられた色を、ずっと赤色として認識するようになったのです。それがあなたの世界では赤色とされたのです。でも、他の人はあなたの目では赤色と認識されている色を白だと認識しているかもしれないのです。同じものを見ていても、認識している色が違う、色の呼び方が違うこともあるのです。

同じ机でも、赤色に見えている人もいるということです。あなたの目には赤色に見えている色を、白色だという人もいるのです。

最初にリンゴを見たときに、これは白色ですよと言われたら、その人にとってリンゴは白いと思います。そのリンゴの色を白という呼び方をするようになります。

そして、あなたにとっての赤色を白色と呼び、あなたにとっての白色を赤色と呼んでいるのかもしれません。

あなたが赤と呼んでいる色を、他の人は白と呼んでいるかもしれないのです。ですから、すべてに共通している認識はないのです。共通していると思っているだけです。そして、共通していると思っているので、上手く話が合って、お互い同じものを見ていると思ってしまうのです」

「はぁ、よく分かりませんが、アシュタールは、私が見ているものと他の人が見ているものは違うと言っているのですか?」

「そうです、全く同じものを見ることはできないのです。それぞれが違う世界を創造し、それぞれの目で見ているのですから。でも、そこに共有意識が働き、同じものを見ているように錯覚してしまうのです。共有意識でそれを創り出しているという表現の方が分かりやすいでしょうか」

□　共有意識

「共有意識で創り出しているのであれば、共有した同じ物質ではないのですか？」

「同じ物質ではありません。同じような物ということです。ここに机という物質があるということにしましょう、と共有意識で決めます。でも、机があるということは共有しても、どういう形でどういう色かはそれぞれ違うのです。だから、違う現実を創造しているということです。あなたが考えている現実というのはそういうことなのです。現実とは、とても不確実なものなのです。そして、現実はあなたが創り出した幻、ホログラムだということなのです。

夢と同じなのです。それぞれがバラバラの世界を創って楽しんでいるのです。

夢はあなたが創り出した幻の世界の中の幻なのです。だから、共有意識も働かず、誰とも共有できない世界なのです。バラバラに楽しむ世界なのです。同時に同じ夢を見ることはできないですね。できます、したことがあります・・・という方はまた違う話になります。

この話をすると迷子になりそうですが、そういうことがあると思う方に少しお話させていただくと、それはテレパシーを使ってお互いの夢の中で繋がったということです。

夢については前著でお話させていただきましたが、寝ると身体から意識体が出て、違う世界で色々な存在と出会い、その存在たちと話をするということですが、その夢の世界でも会いましょう、同じような体験をしましょうと思ってエネルギーで繋がったということです。テレパシーで話をしたということです。意識の世界はあなたたちが思っているようなひとつだけの世界ではないのです。

考えると体験することができるのです。お互いが本気でそうしたいと思いエネルギーを繋げることができたら、夢の中でも会ったり、同じような場面の体験をすることもできるのです。とても面白い世界なのです。あなたたちが持っている知識では理解できないことが沢山あるのです。それはご理解いただければと思います。

夢を例に出したのは、夢は実際に見ていても、物質としてどこにも存在しないということをお伝えしたかっただけです。夢に関しては前著をお読みいただければと思います。

では、話を戻したいと思います。

夢と同じで、あなたが見ている現実も確固としたものではなく、幻、ホログラムなのです。どうしてこんな話をするかというと、これからお話するパラレルワールドにも関係するからなのです。パラレルワールドというのは並行世界だと思われています。色々な世界が同時に物質的な感じで存在していると思ってしまうと理解できなくなってしまいますので、まずそこのところからお話しました。

パラレルワールドという場所はありません。意識エネルギーがあるだけなのです。ですから、無限に存在することができるのです。宇宙は、意識エネルギーだと何度もお伝えしています。宇宙は、絶対無限の存在の意識エネルギーなのです。とても巨大であり、とても微小でもあります。巨大とか微小というとまた物質的な感じになってしまいますが、循環しているという意味です。宇宙は、エネルギーの循環なのです。ですから、場所も空間も時間もありません。ただ存在しているだけなのです。

その循環の中で私たちも存在しています。あなたも私も絶対無限の存在の意識エネルギーなのです。その意識エネルギーが個性を持ち、それぞれ別の思考をすることでまた循環が起きてくるのです。ひとつの意識エネルギーだけでは循環することができないのです。循環しなければ変化も起きず、そのままで止まってしまいます。だから、循環を起こすためにも絶対無限の存在は、小さな絶対無限の存在を沢山創り出しているのです。

小さな絶対無限の存在が個性を持ち、それぞれの個性によって体験し、その個性である小さな絶対無限の存在がまた絶対無限の存在に融合し、そして、また新たな小さな絶対無限の存在から出てきて個性を持ち、その個性によって新しい体験をしていくのです。

小さな絶対無限の存在も同じ個性をずっと持ち続けることはできません。同じ個性をずっと持ち続けていると、同じ傾向の思考ばかりになってしまい単調になってしまうからです。単調になると循環が鈍ってしまいます。だから、単調になる前に、絶対無限の存在に戻り（融合し）また新しい個性を創り出すのです。こうしてずっと循環することができるのです。

あなたが物質の身体を脱いで絶対無限の存在に戻るのも循環するためなのです。ずっと同じ物質世界にいると単調になってしまい循環が鈍くなるからです。私は身体という物質は創造していませんが、私の個性が単調になってきたと思えば絶対無限の存在に戻ります。絶対無限の存在に戻り、融合することでまた新しい循環が起きるのです」

「ならば、ひとつの個性が絶対無限の存在に戻り、その個性がいなくなってしまったら、その個性が創り出したパラレルワールドは消えてしまうのですか？」

「パラレルワールドは消えません。パラレルワールドは物ではありません。記憶なのです。絶対無限の存在は意識エネルギーです。絶対無限の存在には個性はありません。すべての存在の個性が融合しているのです。そして、その個性の体験は、記憶として残ります。その記憶が絶対無限の存在なのです。アカシックレコードとも呼ばれています。アカシックレコードは、パラレルワールドだということになります」

「アカシックレコードがパラレルワールド？　どこにそれがあるのですか？」

「それが今までお話したことなのです。アカシックレコードもパラレルワールドもどこかにあるのではありません。記憶なのです。どんどん増え続ける記憶なのです。あなたの過去の記憶もどこかにあるわけではありませんね。頭の中、脳に蓄積されているわけではないのです。絶対無限の存在の記憶として残っているのです。記憶の貯蔵庫はありません。

エネルギーに共振しているのです。物質的な思考を持っているあなたが、イメージするのは難しいと思いますが、場所ではないので無限に増え続けるというものだと思っていただければと思います。記憶も循環の中にあるのです。宇宙は無限に広がっているという説もあるようですが、宇宙は広がりません。宇宙は物質ではないのです、循環なのです。ですから、広がっていくという考えは手放してください。循環しているのです。何もないのです。エネルギーの循環だけなのです。

また話が逸れましたが、ですから、パラレルワールドは消えることはありません」

「どうしてもパラレルワールドのイメージがつかめないのですが・・・」

「パラレルワールドというか、あなたが今見ている現実の認識が少し違うようですね。あなたは現実の中にいると思っているようですが、そうではないのです。あなたは外からあなたの現実を見ているのです。あなたの本体は意識エネルギーです。これは先ほどもお伝えしました。そのあなたという個性の意識エネルギーが、あなたの現実という幻を創造しているのです。その幻をあなたの本体が外から見ているのです。3Dメガネをかけてゲームを楽しんでいるとイメージしていただくと分かりやすいかもしれません。３Ｄメガネで覗いている世界は、あなたが存在している世界ではありませんね。覗いているだけです。メガネを外したらその世界は、あなたには関係のない世界になります。そして、また別の３Ｄメガネをかければ、さっきとは違う世界を覗くことができるのです。でも、それもあなたの存在している世界ではありません。そういうことです。あなたの目の前には沢山の３Ｄメガネの世界があるのです。

そして、それぞれの３Ｄメガネの予告編が目の前にあります。ちょっとだけそれぞれの３Ｄメガネの内容が分かるようになっているのです。どの３Ｄメガネをかければ、どんな世界を覗くことができるか少しだけ分かるのです。それを見てあなたはどれを選ぶかを決めます。でも３Ｄメガネをかけているときは、それを忘れてしまい、その世界しかないと思ってのめりこんでしまうのです。そうしないとその世界を楽しむことができないからです」

「予告編とは？」

「このメガネをかけるとどういう体験ができるか少し分かるということです。あなたはその予告編を見てどれにするか決めるのです」

「もう少し具体的に教えていただけますか？」

「例えば、リンゴジュースを飲んでいる予告編を見ますね。そうしたら、リンゴジュースを飲んでいる感じが分かります。そのときリンゴジュースを飲みたいと思えば、そのメガネをかけてリンゴジュースを実際に飲む（実際にと言ってもホログラムなのですが、メガネをかけているときは本当に飲んでいると思えるのです）経験をします。でも、そのときにリンゴジュースの気分じゃないと思えば、そのメガネはかけずに別のメガネにしようと思うのです。そうすると、そのときにリンゴジュースを飲むという体験はしなくなります」

「そのリンゴジュースを飲むというメガネはどうなるのですか？」

「そこは少しややこしい話になります。そのときあなたはリンゴジュースを飲まない選択をしましたが、リンゴジュースを飲むパラレルワールドも存在するのです。これがパラレルワールドなのです」

「リンゴジュースを飲んだパラレルワールドも存在するということは、リンゴジュースを飲んだ私もいる？　その私は誰？　それを私として認識することはできるのですか？」

「それはできません。でも、あなたが思考すればそこにパラレルワールドが出現します」

「それを選択しなくても？」

「はい、そうです。あなたがそのときそれを選択しなくても、あなたの選択しなかったパラレルワールドは出現するのです（これからはパラレルと呼ばせていただきますね）。
でもあなたはそのパラレルを選択しなかったので、あなたはジュースを飲むという経験はできません。でもジュースを飲む選択をしたあなたもそのパラレルの中には存在するのです。
でも、そのパラレルの中のあなたは、選択しなかったあなたではないのです。
ジュースを飲む体験をしたあなたを、選択しなかったあなたが感じることはできないのです」

「え？　ということは、私も二人になるということですか？」

「二人になるということではないのです。物質ではありませんので、二つに分かれて違う経験をするということではありません。これは先ほどからお話している絶対無限の存在の話になってきます。あなたは二人に分かれたのではなく、あなたの意識をどこに合わせるかを決めただけなのです」

「どこに意識を合わせるか？　というのはどういうことですか？」

「あなたの前には沢山のメガネがあると言いました。これはもちろん例えです。言い換えれば大きな画面の中に小さな無数の画面があるテレビを見ているとイメージしてみてください。見ているのはあなた自身です。あなたの意識です。ここまでは大丈夫でしょうか?」

□ フォーカス

「はい、何とか・・・これは前著でも例えとして教えていただいていますので」

「あなたは沢山のあなたの思考で創り出した画面を見ています。そして、さっきの話のようにどれが面白そうかなと思って見ています。面白そうな画面を見つけたら、そこに波動エネルギーを合わせるのです。波動エネルギーを合わせる、共振する、フォーカスする・・・表現は色々ありますが、とにかく興味がある画面を見ようと思います。

そうするとあなたの意識は、その画面しか見られなくなるのです。その画面、その場面に入ったように思うのです。そこに居るかのように思うのです。それが、今あなたの見ている現実だということです。現実はそれしかないわけではないのです。その現実（画面）の外側には沢山の現実（画面）があるのです。

ただあなたはその画面が面白そうだと思って、そこにエネルギーを繋げただけなのです」

「ということは、その画面の中の現実が気に入らなければ、一度フォーカスを外してまた違う場面に移行すると、別の画面の中の現実を体験することができるということですか？」

「理論的にはそうなります。あなたはどんな画面でも選ぶことができるのです。

ただ、まずパラレルの知識があまりにもありません。教えてもらっていないのです。だから、他のパラレルに移行する、その画面から出るという思考がないのです。そんなことも考えられないので、その画面の現実しかないとブツブツ言いながら、そこに居ることになってしまうのです」

「ということは、私はずっとこの画面にしか居られないということですか？
何もできずにこの現実だけを体験し続けなければいけないということですか？」

「これもまたややこしい話になりますが、画面の外に出なくてもパラレルを創ることはできます。今の画面の中の現実がイヤならば、その画面の中に気に入った現実を創造することができるのです」

「パラレルの中にパラレルを創るということですか？」
「そういう言い方もできますね。パラレルというのは場所ではありませんので、画面の中だろうと外だろうとパラレルは創り続けることができます。あなたが思考すればパラレルはできるのですから。どんなパラレルだろうが、それはあなたが創ったものです。
そして、今あなたはひとつのパラレルに居ると思っていますが、そうではなく、あなたの意識は外に居るのです。ただ、ちょっと勘違いしてそこに自分が居ると思い込んでいるだけなのです。外に居るとか中に居るとかということも勘違いだということです。どこにフォーカスしているかだけの話なのです。だから、絶対無限の存在、宇宙、波動エネルギーのことが理解できればパラレルのことも理解することができ、パラレルのことが理解できれば、自由自在に自分の好きなパラレルを創ることも、パラレルを移行することもできるようになります」

「自由に好きなパラレルを創ることができるというのはいいですね」

「私は前著でもお伝えしましたが、あなたに楽しい体験をしていただきたいと思っているだけです。あなたは私、私はあなた・・・ですから。あなたが楽しい体験をしてくだされば、それに共振して、私も楽しい体験を一緒にすることができるのです」

「それはありがとうございます。でも、ちょっと聞いてもいいですか?

私の体験があなたの体験になるというのはどういうことですか?」

「私たちはエネルギーで繋がっています。私たちだけということではありません。宇宙に存在するものすべてがエネルギーで繋がっています。繋がっているというよりも絶対無限の存在として同じ体験をしているのです。絶対無限の存在はアカシックレコードだと言いました。すべての体験が記憶されています。その記憶は小さな絶対無限の存在である私たちにも共有されるのです。ですから、あなたが創り出したパラレルは、私のパラレルでもあるのです。ここで少し解説させていただきたいと思うのですが、あなたに楽しい体験をしていただきたいと言いましたが、楽しいというのはあなたが満足するという意味です。あなたたちが刷り込まれてしまった楽しいという概念ではありません。楽しいというのは気持ちがいいことだけではないのです」

「どういうことですか？　楽しいというのは気持ちいい、気分がいいという意味ではないのですか？」

「楽しいという感覚は、人によって違ってきます。楽しいというのは、あなたたちがいう正義とは違います。善悪ではないのです。あなたが楽しくないと思う体験も楽しいと思う人がいるのです。だから、面白いのです」

「私が楽しくないと思うことを楽しいと思う人がいるのですか？」

「例えば、あなたはバンジージャンプが好きですか？　したいと思いますか？」

「私にはムリです、絶対にしたいと思いません。楽しくはないです」

「でも、バンジージャンプをすることが楽しいと思う人もいるのです。それは分かりますね？　人によって楽しいと思うことは違うのです。だから色とりどりのパラレルができるのです。単色ではない、面白いパラレルができ、宇宙に循環が起きるのです。宇宙、絶対無限の存在は判断しませんとお伝えしたのはそういうことです。良いパラレル、悪いパラレルなどないのです。すべては素晴らしいパラレルなのです。パラレルは世界なのです。宇宙にいる存在すべてが創り出すそれぞれの世界なのです。人類だけが創っているわけではありません。地球の上に存在するすべての存在が創っています。そして地球だけではなく宇宙に存在するすべての存在が無数に創り続けているのです。無限に創り続けているのです。それが絶対無限の存在の記憶として共有されるのです」

「善悪もないということですか？　どんなパラレルでもいいのですか？」

「そうです。そして、善悪という概念は、地球に住む人類だけの狭い概念に過ぎません。正義もそうです。正義などは見る角度によって全く違ってくるのです。楽しい体験というのは人によって違います。戦うことが楽しい、満足すると思う存在もいるのです。戦うことは好きではないという存在もいるのです。自分は戦うのは好きではないけど、誰かが戦っているのを見るのは好きですという存在もいるのです」

「自分では戦いたくないけれど、戦っているのを見るのは好き・・・って、なんだかなって思いますね。それってどうよ・・・って思いますけど、それも宇宙的にはいいのですか？」

「いいのです。すべてはＯＫなのです。何をしても、何を考えてもいいのです。それが個性であって、面白い体験になるのです。すべての人が、あなたが考えているような良い人だと、単調になってしまい面白くなくなってしまいます。あなたは映画を観ますか？」

「はい、映画やドラマは好きです」

「それと同じです。まぁ、人によって少し好みは偏りますが、でも、いろんな映画を観たいと思いますね。全部同じような世界観だとつまらないと思いませんか？　平和な映画もいいですけど、たまには戦いものやハラハラ、ドキドキする映画も観たいと思いませんか？」

「そうですね、違う世界観の映画も観たいと思います」

「パラレルもそのような感じです。絶対無限の存在も色々なパラレルを観たいのです。観たいというのも変な表現ですが、すべての存在には色々な面があるということです。人類だけに限って話をしても、人はみんなそれぞれ色々な面を持っています。一人の人に対しても、ある人から見ると意地悪な人だという印象を持っていても、他の人から見るとただシャイなだけで話をすると、優しくてステキという評価をするということですね。一人の人の中にも沢山の世界観があるのです。その人が色々なパラレルを創って楽しんでいるのです。自分で映画を創って、自分で楽しんでいるような感じです」

「自作の映画で楽しんでいるということですか。そう考えると面白いですね」

「パラレルというのは簡単に言うとそういうものなのです。シンプルなのです。そして、自分以外の人が創ったパラレルも観てみたいとも思います」

「それはどういうことですか？　自分の世界は自分の世界でしかなく、他の人の目には見えないと言っていませんでしたか？」

「世界を共有することはできるのです」

「共有？　さっきのお話の机のように？　机があるということだけを共有するということですか？」

「共有意識で創るパラレルもあるのです。共有意識で創るパラレルという表現よりも、それぞれのパラレルを繋げるという表現の方が分かりやすいかもしれませんね」

「パラレルを繋げるとは？」

「例えば、あなたがあなたの世界に居るとします。その世界を風船のようなものだとイメージしてください。あなたはその風船の中に居ます。その風船が今あなたの見ている世界（ホログラム）なのです。その世界はあなただけの世界です。誰も居ません。外の人が創った風船もあります。その風船はその人だけの世界です。その二つの風船を繋ぐことができるのです。エネルギーラインを繋げることができるのです。エネルギーラインを繋げるということは共有のパラレルが出現するということです。それはお互いの共有意識が創り上げた世界です。そこは二人の世界なのです。今は分かりやすいように二人だけの世界を例に出しますが、もっと沢山の人とエネルギーを繋げることもできます」

「それも新しいパラレルになるのですか？」

「そうです。そうやって繋がっていくと無限にパラレルができるのです。風船の例だと分かりにくければ、パーソナルゲームをイメージしてください。人は一人ずつパーソナルゲームを持っています。誰とも繋げなければ、一人で自分だけの世界を創って遊びます。でも、そこに一緒に遊びましょうと誘われて、ゲーム機をラインで繋げると、その人があなたのゲームの中に入ってきます。その人のゲームの中にもあなたが入っていくのです。そうして二人で同じゲームを楽しむことができるのです」

「パラレルワールドって自分ひとりで創るものじゃないのですね」

「基本はあなた一人で創るのです。あなたが思考したことがパラレルになるのですから」

「ん？　またよく分からなくなってきました。自分だけでパラレルを創っているのに、他の人の世界も見る？」

「思考するには刺激が必要になります。何かの刺激がないと考えないですよね。ジュースを飲むか飲まないかと考えるには、ジュースがなければ考えられないのです。そうですね。何もないのにジュースを飲もうか、飲まないかは考えません」

「そういえばそうですね」

□ 選択

「パラレルは選択なのです。あなたは常に何かを選択しています。何を選択するかを考えているのです。何かを思考することで選択肢が出てきます。その中のどれを選ぶかで、あなたがフォーカスする世界が変わってくるのです。選ばなかったパラレルも存在しますが、今のあなたにはそのパラレルは見えないのです」

「さっきのジュースの話ですね。ジュースを飲まなかった私を、飲んだ私には認識できないっていう・・・」

「そうです。飲まなかったあなたは、飲まなかったあなたの創り出した画面（現実）にフォーカスしたのです。そのパラレルに共振したので、その場面から出ない限り、飲んだあなたのパラレルを経験することはできないのです」

「その場面とは、大きな画面の中の小さな画面を見ている意識体である私に戻らなければ、ということですか？」

「そうです。でも、それは今のあなたには難しいことだと思います」

「もしそれができるようになれば、すぐさま飲んだ私の現実を体験することができるということですか？」

「そうです。今の画面を出て、出るというよりフォーカスを外して意識体に戻れば、あなたの前の沢山の画面を見ることができます。そして、飲んだあなたの現実を体験することができます。でも、そのときには、飲まなかったあなたを体験することはできません。飲まなかったあなたの現実を一緒に体験することはできないのです。違う画面ですので、同時に飲んだ現実と、飲まなかった現実を体験することはできないのです」

「それは、画面が違うと前の画面で体験したことを忘れてしまうということですか？」

「忘れてしまうというよりも、そこにしかフォーカスできませんので、忘れてしまうということでもないのです。本当に別の世界になりますので、飲まなかった自分が居るということも認識できないという感じでしょうか」

「記憶がなくならない人はいないのですか？　飲んだ自分の体験を覚えていて、飲まない選択をしようとする自分に飲めばいいよって勧めるようなことはできないのですか？

漫画などで、パラレルワールドを移行できる特殊な能力を持った人がいて、パラレルワールドを移行しながら、自分の好きなようにそのパラレルワールドを変えていく・・・というようなものがありますが、それはできるのですか？　前のパラレルの記憶があればできそうな気がしますが・・・」

「それはムリですね。たとえパラレルを移行できる人がいたとしても、同じパラレルにはならないのです」

「どういうことですか？」

「例えば、あなたは飲まないと選択しようとしている自分に戻って、飲んだら美味しかったよと言いたいということですね。飲んだ方がいいよと言ってあげたいということですね？」

「はい、そうしたら、飲まないと選択した自分も飲んで幸せな気分になれるじゃないですか。その方がよりよいパラレルを創り続けることができるのではないかと・・・失敗というパラレルを創らずに済むのではないかと」

「その発想には沢山お伝えしたいことがあります。まず、飲まなかった自分のパラレルに戻るというのは、過去の自分に戻るということですね？　タイムワープをするということですね。それはムリです。

確かに画面の外の意識体のあなたならば、どの画面にもフォーカスすることは可能ですが、そうなるとまた画面を増やすだけのことになります。

意識体のあなたにとって過去という概念はありません。だから、飲まなかった自分の画面にフォーカスすることはできます。先ほどと同じことをお伝えしますが、そこにフォーカスした時点で、その現実しか見えなくなります。なので飲んだ自分の画面のことは忘れてしまい、飲んだ方がいいよと言うことはできないのです。そして、また別のパラレルを創るのです。また飲まないという選択をするかもしれないし、そのジュースではなく別のジュースを飲むという選択をするかもしれないし、それも飲まないという選択をするかもしれない。そうすると意識体のあなたの前の画面が増えるということです。選択のたびに画面が増えるわけですから、別の画面にフォーカスすると別のパラレルがまた増えていくのです。

そして、もうひとつ、もし万が一、フォーカスを変えて違う画面に入っても記憶を持ち続ける人がいるとしても、別のパラレルになります」

□ 刺激

「記憶を持って別のパラレルに移動すると、別のパラレルを創るということですか？」

「簡単に言うとそういうことです。

まず、飲まなかった現実を創っているあなたのパラレルの世界の中に、別の存在が入るということですから、同じ世界ではなくなるということは分かりますね？

そのパラレルには存在しなかった人物が入ってくるということは、刺激が与えられるということです。刺激が与えられることによって思考が変わります。これは先ほどお話しました。刺激が与えられるから思考が動くのです。だから、別の刺激を与えられたあなたは、違うパラレルを創造するということです。一瞬元のパラレルには戻れても、その後のパラレルは変わるのです。どう変わるかは、そのときのあなたの思考によって違います。

もしもの話になりますが、もし、飲んだあなたが、飲まなかったあなたのパラレルに出現して飲んだ方がいいよと言ったとしたら、飲まなかったパラレルにいるあなたはどうなるでしょうか？」

「驚きますね、絶対。そしてジュースどころの騒ぎではなくなりますね」

「全く違うパラレルになってしまいますね。そして、飲んだあなたは、飲んだ方がいいよということさえ言えないパラレルになってしまいます。これも、もしもの話ですが、実際に目に見えないように身体を隠して、何かの方法で、飲んだ方がいいよと勧めたとしても、飲むか飲まないかは、飲まなかったパラレルのあなたが決めます。だから、同じことになるのです。飲んだ別のパラレルのあなたの声が聞こえたとしても、そこで決めるのは飲まなかったパラレルのあなたです。だから、また飲まないことを選択するのか、飲むことを選択するのかという思考になり、飲まなかったパラレルと飲むというパラレルを創り出すのです。

でも、飲まなかったパラレルを選択したとしても、最初のパラレルとは若干違ってきます。最初のパラレルには、別の飲んだパラレルを体験しているあなたの声が聞こえていません。でも、次の飲まなかったパラレルでは、あなたの声、意見が入ってきていますので、純粋な前のパラレルではないのです。だから、別のパラレルになるということです。意識体のあなたの前に別のパラレルが出現するのです」

「そういうことになるのですか。そう言われてみれば、最初のパラレルとは違うパラレルになってしまいますね。ならば、記憶を持った人が過去のパラレルに移行して、その世界を好きにするということはできないということになりますか？」

「その発想は、パラレルワールドというもの、タイムワープ、タイムトラベルというものを理解できていないゆえの発想ということになります。宇宙には時間も空間もありませんので、なんでもできそうな気がしますが、時間がないということは過去もないということです。過去という確固としたものはありません。記憶があるだけです。記憶というのは変わりませんね。記憶を変えることはできないのです。過去に行って別のことをしたとしても、それはそのときの純粋な過去ではなく、違う過去の記憶となって別のものになります」

「はぁ〜そういうことですか・・・ならば、過去に行って、失敗を繰り返さないようにするということはできないのですね」

「失敗という概念もありません。失敗ということはあり得ないのです。あなたが言っている、失敗というのは、やろうとしていたことができなかったという概念だと理解してもいいですか？」

「はい、飲んだら美味しいのに、飲まなかった選択をした自分は勿体ないなと思います。それはある意味失敗ですよね。飲めるのに、飲まなかったのは失敗だと思います」

「飲まなかったから次のパラレルを創ることができたのです。それは失敗ですか？」

「次のパラレル？」

「とてもシンプルにお話しますね。本来はそんなにシンプルな話ではないのですが、迷子になってしまうと困るので本当に簡単にお話しますと、飲まない選択をせずに、飲むという選択だけだとどうなりますか？」

「飲むというパラレルだけになります」

「そうですね、飲んだパラレルだけになります。飲まなかったパラレルができないのです。飲まなかった方がよかったかなと思うこともなく、飲んだパラレルだけになってしまいます。それは単調な世界がひとつ続くだけです。それでは次のパラレルを創造することができないのです。飲む選択、飲まない選択の二つで迷ったから、二つの世界ができたのです。どちらもあなたの世界ですが、飲まない選択をしたあなたは飲んだ選択をしたあなたとは違うパラレルを楽しむことになります。飲まなくてよかったと思うかもしれないし、飲んでおけばよかったと後悔するかもしれない。そこでまた別のパラレルが出現するのです。こうして沢山のあなたのパラレルができてくるのです」

「そんなに沢山のパラレルって必要なのですか?」

「必要とか必要ではないとかの話ではなく、宇宙とはそういう世界なのです。沢山の思考がパラレルを創り、そのパラレルが重なり合って面白い世界になっているのです。循環しているのです。そして、次から次へと面白い世界が広がっていくのです」

「パラレルは続くのですか？　パラレルは単体で存在しているのではないのですか？」

「パラレルは続いているのです。単体で存在しながら続いているのです」


「それはどうイメージすればいいのでしょうか？」

「パラパラ漫画のようなものだと思っていただければと思います。それはタイムラインとも呼ばれています。パラパラ漫画には一枚、一枚の絵が描かれています。その一枚、一枚の絵をパラパラとめくっていくと絵が続いている、描かれている絵が動いているように見えます。映画もそうですね。一枚、一枚のフィルムを繋げて一本の映画にします。その一枚の絵がパラレルだと思っていただければイメージしやすいと思います。あなたが思考し、迷い、選択したことがパラレルになります。あなたの世界になるのです。でも、そのパラレルはすぐに変化します。世界が変化するのです」

「どうしてですか？」

「あなたは常に考えているからです。考えることによってパラレルができます。何か考えるということは選択するということです。ジュースを飲むか飲まないかを考えることで、飲むパラレルと飲まないパラレルができます。どちらもできるのです。そして、そのどちらかをあなたが選択するのです。選択することで道は二つに分かれます。二つのパラレルができ、どちらにフォーカスするかであなたの未来は変わるのです。例えば、飲むパラレルを選択したとします。すると、そのパラレルの続きの世界ができます」

「パラレルの続きの世界ですか？　それはどういう？」

「ジュースを飲んで美味しかったからまたこの店に来ようと思うかもしれないし、リンゴじゃなくて今度はパイナップルにしようと思うかもしれないし、ここのジュースは美味しくないから、もうここのジュースは飲まないと考えるかもしれません。ジュースを飲むか飲まないかの選択の後にも、いくつもの新しいパラレルができるのです。

あなたが考え続ける限りパラレルができるのです。

そして、あなたは選択し続けるのです。それが日常なのです」

「だから生活に密着している・・・ということなのですね」

「はい、特別なことではありません。こうしてあなたはパラレルを創り続けるのです。

そして、常にパラレルを選び、あなたの道を決めていくのです」

「一度決めてしまった道はもう交わることはないのですか？　もし、一度飲まないと決めたけど、その後、飲むと変更すれば、飲んだパラレルと重なるとか・・・そういうことはないのですか？」

「先ほどからお伝えしているように、飲まないと決めた後のパラレルは違うパラレルになります。同じようなパラレルに見えますが、全く同じパラレルではありません。

そして、次に繋がるパラレルも違うものとなります。パラレルは一度できるとそれは変わらないのです」

「では、一度決めてしまったら変更はできないということですか？」

「同じパラレルを変更することはできません。一度描いた絵は変更できないのです」

「そうなると、一度のミスで、未来が決まってしまうということになりませんか？」

「ミス・・・ということはありませんが・・・そういう考え方をしてしまうとそうなります。

しかし一度決めたことでも、別のパラレルで変更することはできます。

だから、最初のパラレルに固執する必要はないのです。最初のパラレルだけしか道はないということではありません」

「すみません、よく分からないのですが・・・一度決めたら、一度絵を描いたら、その道をずっと進まなければいけないということですよね？　ならばその絵が違ったと思っても修正ができないということならば、未来は決まってしまいますけど・・・」

「一度描いた絵はそのままです。変更はできません。でも、選択し直せば違うパラレルですが、飲むということを体験することができます。同じパラレルに戻らなければジュースを飲むということができない・・・というわけではないのです。新しく、飲むというパラレルを創ればいいのです。ですから、飲まなかったということをミスだと思ってしまい、飲むパラレルには戻れない、もう飲めないと思えば、飲むという選択肢をあなたが創らなくなりますので、飲むパラレルはできなくなります。

でも、前のパラレルに固執するのではなく、新しく飲むという選択をすれば、ジュースを飲むパラレルを創り出すことができ、あなたはジュースを飲むことができるのです。すべてはあなたの思考ひとつでどういう世界でも創り出せるのです。どういう経験もできるのです。もっと単純に考えてください。あなたはいつもそれをしているのです」

□ 新しいパラレル

「どうやって？」

「さっきは飲むのをやめようと思ったけど、でも、やっぱり飲みたいから飲もう・・・って思うことはありませんか？」

「ありますね。二、三歩、歩いてから気が変わって、引き返すとかあります」

「それです。それが新しいパラレルなのです。新しいパラレルを創って飲んだのです。二、三歩、歩きながら色々思考して、また、飲むパラレルと、飲まないパラレルを創って、今度は飲むパラレルを選択したということです。前のパラレルとは違うけど、飲むということはできました。そういうことです」

「頭で考えると訳が分からなくなるけど、そう言われるとすごく単純ですね、分かりやすいです」

「あなたがいつもしていることをパラレルワールドという観点からお話しているだけなのです。ですから、シンプルに考えてください」

「じゃあ、パラレルを変えるということも簡単にできるということですか？」

「そうです、とても簡単にパラレルを移行することができます。パラレルは何度も言いますが、あなたの思考の数だけできるのです。その中からどれを選ぶかというだけのことです。沢山思考してください。そうすれば沢山のパラレルができ、本当に好きなパラレルを選択することができるのです」

「本当に好きなパラレル？」

「はい、あなたたちは選択肢が少ないのです。自由に好きに考えることができなくなっているので、本当に好きなパラレルではなく、どちらかというと・・・こちらでいいかな、というくらいで選択しているのです」

「ちょっと意味が分からないのですが、私は本当に好きなパラレルを選んでいないということですか？」

「選択するときにシンプルにそうしたいと思うことを選んでいますか？」

「どういうことでしょうか？」

「例えば、お腹が空いて何かを食べたいと思ったとします。頭には天丼が浮かびます。大好きな大海老の天ぷらが三本載った美味しそうな天丼です。

でも、そこで、それは値段が高いから、とか、あの店は遠いから、とか、誰かに贅沢だ、と言われるかもしれないからと、色々考えます。そして、食べないという選択をしたりしませんか？　もしどうしても天丼が食べたいと思ったら、その天丼ではなく、もう少し近くて値段の安い、海老は小さくて一本しか載っていない天丼でいいやと思い、それを選択したりしませんか？　妥協することはありませんか？　ということです」

「それはありますね・・・そんなにいつも自分の好きなことばかりできないですから・・・」

「それが自由な発想ができないということです。大海老三本の天ぷらの載った天丼と小さな海老一本の天丼をイメージして、妥協して海老一本の天丼を選択するとどうでしょうか？」

「好きなパラレルを選んでいないということですね」

「そうです。妥協した現実を体験することになります。妥協した現実ですから、気に入りません。不満が残ります。大海老三本の天丼を選ぶことができたのに、自分で選ぶことをやめたのです。こうして、あなたは不満な現実を創造したのです。

毎日妥協で選択を続けているので、満足できない毎日になってしまうのです。妥協で選択をしていくと、妥協した我慢のパラレルを創り続けることになります」

「では、その不満なパラレルを満足するパラレルに移行するには、どうしたらいいのですか？」

「大海老三本の天丼を選択してください。そうすれば、本当に満足できるパラレルになります」

「でも、そんなことを言っても、お金の問題も距離の問題もありますし・・・」

「それが自由な発想ではないということです。自由に発想してみてください。いくらでも選択肢は出てきます。

毎日その天丼を食べ続けるわけではないですよね。たまにはその天丼を食べるくらいいいのではないですか？　距離も時間もかかるならば仕事を早く切り上げて行けばいいのです。

大海老三本の天丼を選択すると決めれば、パラレルはその分だけできます。そのうちのどれかを選べばいいのです。選択肢がないと思っているから選択肢が出てこないのです。

選択肢は自分で創るのです。パラレルは自分で好きに創ることができるのです。

あなたの世界なのですから。そこにできないという思考をするから、できないというパラレルも創ってしまい、それを選択するからできないというパラレルにフォーカスし、それを体験してしまうのです。

もう一度お伝えしますが、あなたのパラレルはあなたが創るのです。あなたの世界はあなたが創っているのです。あなたが思考すればあなたのパラレルはいくつでも創れるのです。

そして、どれを選択してもいいのです。あなたの自由なのです。あなたは、その高くて遠い店の大海老三本の天丼は食べることができないというパラレルを自分で創り、次に海老一本の天丼のパラレルを創り、そのパラレルを妥協で選ぶということにしたのです。だから、海老一本の天丼を食べるパラレル（現実）を自分で創造したのです」

「それが、パラレルの移行になるのですか？　でも、その後が続かないのではないですか？」

「パラレルは自分で創るのです。それを忘れないでください。

あなたの今の発想は、選択肢は与えられている中から選ばなければいけないというものです。自分で選択肢を創るのではなく、誰かに与えられた中から選ばなければいけないという発想なのです。予めパラレルは創られていて、その中から好きなパラレルを選んでいいですよと言われていると思ってしまっているのです。未来は決まっているとか、自分では自分の人生はどうにもできないという風に宗教や教育などで刷り込まれてしまっているのです。

ジュースを飲むのも飲まないのもあなたが決めることができるのです。ならば、何を食べるかもあなたが決めることができるのです。少し問題が大きくなると、そのことを忘れてしまうのです。すべてのパラレルは自分で創り、自分で選択できるのです」

「アシュタールが言っていることは分かるのですが、実際の生活ではそうはいかないのです」

「何故ですか？　ずっと私はあなたの現実は幻だとお伝えしています。あなたの世界はあなたが自分で創っているのですとお伝えしています。そこはご理解いただけていますか？」

「はい、それは分かっているつもりですが・・・でも、自分ひとりの世界ではないので、自分だけで創るというわけにはいかないと思うのです。自分の世界を自分の好きなように創るという魔法みたいなことはできないと思うのですが・・・」

「他者との関係ということですか？」

「そうですね、他の人とも関係しなければ生きていけないので、自分ひとりで好きな世界に生きていたいということは難しいのではないですか？」

「何が問題なのでしょうか？　私にはよく分かりませんので教えていただけますか？他の人との関係で自分の好きなパラレルを選択することができないということですか？」

「そうです。先ほどアシュタールは他の人とラインを繋げています、その人と共有のパラレルで遊んでいるのです・・・と言っていました。だから、自分だけのパラレルだけでは済まないのではないですか？」

「確かに他者のパラレルと繋いで、共有のパラレルを創造し遊んでいます。でも、それぞれ独自のパラレルはあるのです。ゲーム機の例で言えば、それぞれ自分のゲーム機を持っています。そして、そのゲーム機を繋げて遊んでいるのです。それの何が問題なのでしょうか？」

「ならば、その人の意見も尊重しなければいけないのでは？」

「意見を尊重するのはお互いゲームをする上でとても大切なことです。だからといって、あなたが自分の好きな世界で遊べなくなることはありません。例えば、あなたが大海老の天丼を食べることにおいて、誰かのパラレルに問題が起きますか？」

「天丼くらいならば特に起きないと思います。でも、もっと大きな問題になってくると、そう簡単にはいかないと思うのですが・・・」

「大きな問題とは、どのようなことでしょうか？」

「天丼を食べに行くために仕事を早く切り上げるという選択があるとアシュタールは言いますが、仕事を早く切り上げてしまうと他の人の仕事に影響がありますよね」

「あなたの仕事を早く切り上げると、他の人に迷惑がかかるのですか？」

「そういうこともあります」

「それは事実ですか？　本当に迷惑がかかるのですか？」

「そういうこともあるかもしれません」

「では、ないかもしれないのですね？」

「ないかもしれませんが、ないとしても人は迷惑だと思うかもしれません」

「あるかもしれない、ないかもしれない、なくてもそう思わるかもしれない、という仮定であなたは悩んでいるということですか？」

「そうですね。仮定の話ですね」

「あなたの仕事を早めに切り上げるのです。あなたの問題ですね。他の人に仕事を押し付けているわけではないのであれば、他の人に迷惑をかけることはありません。もしかしたら、そうなるかもしれないと思っているだけではないですか？」

「そう言われてみれば、そうかもしれません。でも、他の人に迷惑をかけてしまうかもしれない可能性があれば、それは自分勝手になるのではないですか？」

「お話を伺っていると、あなたは他者のパラレルにまで責任を感じているように思えます。他者のパラレルまで自分で背負っているように感じます。

あなたはあなたの世界だけ考えてください。他者は他者で、自分のことは自分で考えます。自分の世界と他者の世界をごちゃごちゃに混ぜて考えてしまうので、訳が分からなくなるのです。別の世界として考えてください。他者は他者で自分の思考と選択で、自分の世界を創っているのです。あなたも他者の世界は関係ないのです。ここがはっきりしないとパラレルワールドのことが理解できなくなります」

□ 別の世界

「自分の世界と他者の世界は別の世界だということですか？

でも、一緒にラインを繋げて遊んでいるのですよね？　繋がっているのですよね？」

「ラインが繋がっているだけです。全く同じ世界にいるのではありません。あなたが仕事を早めに切り上げて天丼を食べに行く選択をしても、ラインを繋げている人は、それによって自分で考えます。自分はどうしようかと考え、そこにその人のいくつかのパラレルを創ります」

「私が天丼を食べに行くことで、その人もまたいくつかのパラレルを創るということですか？」

「そうです、それが先ほどお話した刺激なのです。

あなたの天丼を食べに行くという選択が、刺激となって、その人の選択肢も増えるのです。

あなたが仕事を早めに終わらせて天丼を食べに行くという選択をしたときに、その人もじゃあ私も仕事を早く切り上げて早く家に帰ろうと思うかもしれませんし、もしかしたら私はもっと仕事をしますと思うかもしれないし、残業して欲しいと言われたらイヤだなと思うかもしれません。その人の思考はいくつも出てきます。そして、その人のパラレルもいくつもできます。

その中でその人がどのパラレルを選ぶかなのです。早く切り上げて家に帰る選択するのか、残業を頼まれて受けるのか、断るのか・・・それは、その人の問題なのです。あなたには関係ありません」

「じゃあ、もし、私が自分の仕事が終わっていないのに、天丼を食べに行くことを選んだらどうなりますか？」

「どうなると思いますか？」

「他の人に迷惑をかけます。だから、仕事場で白い目で見られます。そして、上司に注意され、もしかしたらクビになります」

「それをあなたは選びますか？」

「どういうことですか？」

「少し前に私は３Ｄメガネには予告編があるとお伝えしました。覚えていらっしゃいますか？」

「はい」

「それはそういうことなのです。もし、あなたが自分の仕事をせずに天丼を食べに行ったらどうなるか・・・という予告編を見ることができるということです。もちろん仕事を終わらせず食べに行くこともできます。でも、そうすると次のパラレルはどうなるかという予測ができるのです。予測も自分で創ったパラレルなのですから・・・」

「予測も自分で創るということですか？」

「予測もあなたの思考ですから、その思考の数だけあなたのパラレルができます。その中でどれを選ぶかということです。仕事を終わらせず途中で帰ったら皆に白い目で見られ、上司に注意され、もしかしたらクビになるかもしれないというパラレルを創り、それがイヤだから仕事を早く終わらせて食べに行くというパラレルを創り、仕事が終わらなければ天丼は諦めるというパラレルも創り、どんな目に遭っても天丼は食べに行くというパラレルも創れます。

その中でどのパラレルを選ぶかはあなたの自由なのです。

でも、ここでもうひとつあるのですが、自分で創ったパラレルだから、白い目で見られてクビになるパラレルは選択しないということもできるのです。仕事が終わらないというパラレルも選択しないということもできるのです。あなたの創ったパラレルですので何でも選択できます。

もう少し深く言えば、仕事が終わらないとか、白い目で見られてクビになる、というパラレルは創らないということもできるのです」

「創らないというのは、どういうことですか？」

「自分で考えなければいいのです。仕事を早く切り上げて天丼を食べに行くということだけにフォーカスしていればいいのです。そこに、他の人のパラレル（現実）まで心配してしまうから、面白くない現実を創ってしまう思考をしてしまうのです。それが、自分の世界と他の人の世界を分けてくださいと言っている理由なのです」

「何か、分かったような、分からないような話ですが・・・ちょっとだけ聞くと何だか自分勝手でいいと言われているような気がしますが・・・」

「そう言っているのです。誤解を恐れずに申し上げますが、自分のことだけを考えてくださいとお伝えしています。あなたの世界は、あなただけの世界なのです。それは自分勝手ではないのです。自分の世界を大切にしてくださいと言っているのです。

他の人の世界は、その人が創ります。他者の世界まで責任を感じる必要はないのです。

他者の世界にあなたは関与できないのです。

例えば、あなたが他者に天丼を食べに行った方がいいよと言ったとしても、食べに行くかどうかはその人が決めます。どんなに強制しようとしても、その人が食べに行くと決めなければ行かないのです。あなたは自分の世界の話をすることはできても、その人の世界を変えることはできないのです。だから、あなたが他者の心配をする必要はないのです。心配して口を出しても、何も影響することはできないのです。

それと同じように、他者があなたの世界に口出しをしても、あなたがどうするかを決めることができるのです。パラレルとはそういう世界なのです。自分の世界のことだけに責任を持ってください。他者の世界に責任を持つことはできないのです。責任というのは何か責められるとか罰則を受けるとかという意味ではありません。

自分の選択を受け入れる、選択した現実を受け入れるということです。

その現実を生きるということです」


「自分の現実を受け入れる・・・それはイヤなことでもですか？」

「そうです、イヤなことが起きても、それはあなたが選択した結果です。

あなたが決めたことなのです。誰の指図でもありません。あなたにしか責任は取れないのです。ですから、すべてご自分で決めてください。誰かの提案や助言を受けるのはいいと思います。

それによってあなたの選択肢が増えることもあるからです。

でも最終的に決めるのはあなたです。だから、あなたは自分の世界だけに責任を持ってください。他者の世界にまで責任を感じる必要はありません。そして、他者の世界に対して責任など取れるわけがないのです。だから、自分勝手、自分のことだけを考えていてくださいとお伝えしているのです」

「そう言われれば、そのような気がしてきました。自分のことだけを考えていたらいいってことですね。でも、人間関係においては自分だけで決めることはできないですよね。会社にイヤな人が居るとしても、その人は自分の意思でそこに居るのですから、私が自分でその人が居なくなるという選択はできないですよね。そこはどう考えればいいのでしょうか？」

「そのご質問には、いくつかの答えがあります。まずは、あなたがその人がいないところに行くというパラレルを創ればいいのです。それが一番簡単な方法ですね」

「それはそうですけど、会社などに居るとそう簡単にはいかないですよ。自分で勝手に部署を変えるわけにはいかないし、あなたがイヤだからどこかに行ってくださいと言うわけにもいかないですよね」

「例えば、その人のどこが嫌いかを考えてみてください」

「どこが嫌いか？　今お話したのは架空の人のことなのでお答えするのはちょっと難しいのですが・・・」

「あなたは架空のお話が好きですね。先ほども、起きてもいないことを考えて心配していました。人に迷惑をかけるのではないか、とか、クビになるのではないか、とか、変な人と思われるのではないか、とか」

「変な人に思われるのではないか・・・とは言っていませんけど・・・」

「でも、人からどういう風に思われるか心配しているということは、そういうことではないでしょうか？　人と違うことをすると変な人と思われるからやめておこうという思考になっているのです」


「そう言われればそうかもしれませんが」

「その思考もパラレルを創っているということを分かってください。架空の話もパラレルになります。

先ほどもお話ししましたが、好きなことをしたらクビになるかもしれないという思考をするから、そのような現実を創造する可能性が出てくるのです。私は好きなことをしても大丈夫だと思っていれば、そのような可能性の選択肢は創りません。だから、そのような現実を創造しないのです。

パラレルは架空の世界です。幻の世界です。だから、架空の話をするのは全くかまいませんが、あなたのお話を伺っていると、面白くない架空の世界ばかりを創る思考をされているように思います。

好きなことをしたら人に迷惑をかける、イヤな人がいるかもしれない、などです。

イヤな人が会社に居るかもしれないときは、どうしたらいいですか？　というご質問には、そうではなく、好きな人ばかりで楽しい会社に居るにはどうしたらいいですか？　そういうパラレルを創るにはどうしたらいいですか？　と考える方が楽しいのではないでしょうか。

イヤな人に囲まれて仕事をしたいと思う人もいるかもしれませんから、それはそれでいいのですが、あなたはどう思いますか？　どちらの現実が好きですか？」

「もちろん、好きな人ばかりが居る会社で働きたいです」

「ならば、そちらの思考をしてください。イヤなことばかりを仮定していると、そのイヤなパラレルを創り続けることになり、イヤなことばかりの選択肢が増えていきます。

仮定するということはパラレルを創るということですから、イヤなパラレルの中から選択するしかないということにもなりかねないのです。楽しい現実を見たかったら、楽しいパラレルを沢山創って、その中から選択する方がいいと思いますが、いかがでしょうか？」

「そういうことなのですね。どうしてか悪い方へ、イヤな方へばかりイメージが膨らんでいくのです」

「そういう思考になるように小さな頃から刷り込まれてしまっているからです。でも、それが分かれば今からすぐに、パラレルを変えることができます」

□ パラレルを変える方法

「パラレルを変える方法、それが聞きたいです」

「ですから、とても簡単です。楽しいことを考えていたらいいのです。イヤなことばかりにフォーカスして、それが起きるのではないかといつも心配していたら、心配しているパラレルばかりを創り続けるのですから。それを反対にすればいいのです」

「理屈は分かります。でも、そう言われても具体的にどうしたらいいのか・・・」

「例えばですね、横にいつも爪でカチカチと机を叩いている人がいるとします。あなたはそのカチカチという音が気になって仕方がないとします。そのときにパラレルを変えるのです」

「どうやって？」
「その音からフォーカスを外すのです」
「フォーカスを外すって、どうするのですか？」
「別のことをしてください。あなたが夢中になれることにフォーカスを変えるのです。
そうするとその人の存在はあなたの世界から居なくなります」
「すみません、よく分からないのですが、例えば好きなことに夢中になっていたとしても
その人は消えないですよね、ずっと私の横の机に居ますけど・・・」
「あなたは言い方を変えれば、その人が立てるカチカチという音に夢中になっているのです。
ずっとその音ばかりに気をとられている状態なのです。だから、イライラして、また、その音
が気になるということが続きます。それは音に夢中になっているということです。その音しか
聞こえない状態なのです。
でも、そこに大好きな人が来たとします。そして、あなたはその人と共通の趣味の話を始めま
す。そうなるとどうでしょうか？　そのカチカチ音は気にならなくなります。気にならないと
いうより聞こえなくなります。好きな人との会話に夢中になるとカチカチ音からフォーカスが
外れるからです。そして、その人の存在も気にならなくなります。あなたの机の横に居ること

さえも分からないくらいになります。

何かに熱中していると何も聞こえなくなるということは経験されたことがあると思います。それと同じ感じですね」

「そういえば学生の頃、よく音楽を聴きながら勉強していたのですが、好きな科目のときには音楽が聞こえなくなっていたという経験があります。好きじゃない科目のときは音楽ばかりに気がいってしまって、まるで頭に入らないということもありましたね」

「フォーカスなのです。どこにフォーカスするかでパラレルも変わります。これが波動エネルギーの共振なのです。他者との関係は波動エネルギーの共振によって起きます。他者とのパラレルとラインを繋ぐというのは、波動エネルギーと共振するということなのです」

「何か突然難しい話になってきましたが、爪のカチカチ音も波動エネルギーの共振だということですか？」

「そうなのです。何度も言いますが、あなたが今見ている現実、世界は、あなたがどこにフォーカスしているかということです。あなたがフォーカスしている、興味があることがあなたの目の前に現れるのです。あなたが興味を持って思考するから、あなたはそのパラレルを選び、体験するのです」

「カチカチ音も私が興味を持っていると？」

「そうですね、あなたはその音に興味があるのです。ある意味好きなのです」

「いやいや、そんな耳障りな音、好きなはずないじゃないですか？　イライラするだけです」

「好きというのは興味があるという意味です。好きな人に興味がありますね、それと同じように嫌いな人にもあなたは興味があるのです。嫌いだ、嫌いだと思っていることも興味があるからなのです。本当にどうでもいいと思っていたら気にも留めません。あなたの世界には居ないのと同じなのです」

「そうなのですか、嫌いなのに、興味を持っているとはびっくりですね」

「嫌いだと思って、そして、その人がどこかに行けばいいのに・・・と思っていると、その人にフォーカスをして、その人があなたの世界にずっと居続けるのです。それは、その人の問題ではなく、あなたの問題なのです。あなたがその人にフォーカスしなければ、あなたの世界から消えるのです。実際に他の人の目から見て、その人がそこに居るとしても、あなたの世界には居ないのです」

「不思議な話ですね。イヤなことからフォーカスを外せばいいというのは分かりました。でも、一瞬その人が私の世界に居なくなっても、でもやっぱり物理的には私の世界に居るということがあります。ずっと居ない世界を創り続けるにはどうしたらいいのですか？」

「嫌いとか好きとかの感情を失くしてしまえばいいのです」

「どういうことですか？」

「好きという気持ちも、嫌いという気持ちもフォーカスです。その人とラインを繋げるのです。だから、無関心になるとラインが外れます。一瞬、目の前に現れても、何も感じなければその人はすぐにあなたの世界から居なくなります。お互いにフォーカスしなければ、ラインは繋がらないのです。だから、同じ場所に居ても、あなたには見えないということになるのです」

「見えないと言われても、見えますよね？」

「それはまだフォーカスしているからです。本当に無関心になれば見えなくなります。それは排除の感覚ではありませんので、そこは間違えないでくださいね」

「見えなくするというのは排除ではないのですか？」

「排除しようとすると、そこにフォーカスがいきますのであなたの現実に入ってきます。そして、あなたがその人を排除しようとすると、その気持ち、エネルギーがその人に伝わってその人もあなたに良い感情を持ちません。その人もあなたが居なくなればいいのに、と思います。それはお互い様ですね。そのお互い様がラインを繋げることになるのです。お互い意識し合うという状況になりますので、ラインも太く強くなり、ますますあなたの現実に登場します。相手もそうです」

「では、どうすれば？　無視すればいいのですか？」

「無視という気持ちも、排除になります。あなたが居るのは知っていますけど、私はあなたが居ないと思います・・・ということですから、居ないと思いますというのは、居るのは知っているけど、ワザと相手が居ないと思い込もうとすることですから、思いっきりラインを繋げているのです」

□ 無関心

「無視もダメならば、どうすれば？」

「無関心です。フォーカスしないのです。それは相手に悪いことをしているのではありません。無関心になることに罪悪感を覚えないでください。関心がないだけのことです。好きでもなければ、嫌いでもないということです。それもお互い様なのです。お互い無関心であれば、ラインを繋ぎませんのでお互いのパラレルも関係なくなります。見えなくなるのです。存在が分からなくなるのです。同じ教室で勉強しているクラスメイトでも、ほとんど知らないという人がいると思います。そういう感じですね。お互い興味がないということです」

「でも、私は興味がなくても、相手が私に興味を持って近づいてくるということもありますが、そういうときはどうすればいいのでしょうか？」

「それも、あなたが受け入れているということです」

「え？　好きでも嫌いでもないのですよ？　存在は知っているというくらいなのに、相手が一方的に寄ってくるのです」

「もし、好きだと言われたとしたら、あなたはどう感じますか？」

「それは嬉しいですけど、でも、私はその人に興味はないのです」

「でも、あなたは意識します。自分のことを好きだと言ってくれる人は意識しますね」

「そうですね、少なからず悪い気はしませんし、近くにいると意識はしてしまいます」

「それはラインを繋げたということになるのです。私の世界とあなたの世界を繋げましょうということです」

「なるほど、でもケンカ腰の人も来たりしませんか？」

「そのときも意識しますね、嫌われていると思うとイヤな気持ちになります。それも意識しているということなのです」

「じゃあ、結局どうしたらいいのですか？」

「まず、その人とラインを繋げているのは、自分だということを認識してください。自分がOKしなければ、その人がどんなにラインを繋げようとしても繋げることはできないのです。そして、意識して意識しないようにします」

「え？　意識して、意識しないって、どうやったらいいのですか？」

「あなたは無意識に思考することが多々あります。無意識に意識しているのです。自分では考えていないことも、あなたの心の底の方で考えていることがあります。無意識の領域と呼ばれるところです。無意識に考えていることもパラレルを創るのです。無意識に考えて、無意識のパラレルを創り、無意識にそれを選択しているということがあるのです」

「と言われても、無意識に考えてしまっていることは、無意識ですから分からないですよね」

「ですから、無意識を意識に上げてくださいとお伝えしているのです」

□　無意識を意識

「無意識を意識に上げるとは？」

「無意識に考えていることを、意識して考えることができるようにするのです。それには、今のあなたの現実、世界を見ると分かると思います。どうしてこんな現実を創ってしまったのだろうと思うことは、ほとんど無意識の領域で考えたことなのです。そして、無意識にそのパラレルを選択したということなのです。

ならば、また同じような現実を創造しないようにするには、原因を知ることが大切なのです。無意識の思考は変えようと思わなければ変えることはできません。

自動的にあなたが考えてしまう思考ですから。放っておくとそのままの自動運転が続いてしまいます。そして、同じような現実を創造し、選択するのです。

どうして私は同じようなことばかりしてしまうのでしょう？　と思うことはありませんか？イヤなのに、同じことばかりしてしまうと思うときは、あなたの無意識が発動して自動運転状態になっているのです」

「自動運転をしないためには、いつも意識して運転するということですか？」

「そうです。慣れていることは自動にしてしまいがちですが、イヤな現実を創造する選択は、自動にせずに、解除して意識した方が、好きなパラレルを創り、選択することができます」

「それって癖のようなものですか？」

「そう表現してもよいと思います。癖も自動運転です。癖に気づくことができればやめることができます」

「癖ねぇ〜・・・沢山ありますよね」

「ありますね。それを見つけていくことで、無意識が意識になっていきます。例えば、何度も繰り返してしまうこと、どうしてこんなことばかり自分に起きるのだろうと思うことってありませんか？」

「よく世間でいわれていることで私も不思議だなと思うことがあるのですが」

「どういうことでしょうか？」

「いつも同じような異性ばかりに魅かれてしまうという現象です。何故だか好きになる人、好きになる人が、同じように暴力的になるとか・・・という話を聞きます。暴力までいかなくても辛く当たる人ばかりに会ってしまうという現象も、その自動運転と関係あるのですか？」

「はい、そうです。自動運転で、そのような人ばかりを選んでしまうのです。無意識にそのような選択をするということです」

「どうして？　何が原因でそのような選択ばかりしてしまうのでしょうか？」

「その選択を繰り返す方は、おおむね、自己評価が低いのです。自分はダメな人間だと思っていると、自分をダメだと認識させてくれる人を選ぶようになります。

ここで、前にお伝えした共振という話になるのですが、パラレル同士をラインで繋ぐのは、お互いの合意があってのことだとお伝えしましたが、覚えていらっしゃいますか？」

「はい」

「自己評価の低い人は、自分を低く評価する人を求めるのです」


「どういうことですか？」

「自分はダメな人、何もできない人だと思っていると、それを認識させてくれる人を無意識に求めるのです。ね、やっぱり私はダメな人でしょ・・・と思わせてくれる人を無意識に求めてしまうのです。だから、そうしてくれる人とラインを繋げるのです。一緒に共有の世界を創りましょうと誘ってしまうのです」


「それってパラレルと関係あるのですか？」

「大いにあります。パラレルとは自分の選択した世界です。自分が思考し、創った世界なのです。そして、誰とラインを繋げるかも自分で選択するのです。それを忘れないでください」

「はい、そうでした」

「そして、パラレルは予告編があるともお伝えしました」

「はい、それは覚えています」

「何かを選択するとき、少し予告編を見ることができるのです。この選択をすると、どうなるかイメージすることができます。自分はダメだと思っている人は、ダメだと思わせてくれる人を無意識に求めます。誰かと会ったときにそれが発動するのです。ちょっとした仕草や言葉でこの人は私の欲求を満たしてくれると分かると、その人を選ぶのです。自動運転で選んでしまうのです」


「自分をダメだと思うために、わざわざ選ぶのですか？」

「そうです、面白い思考ですね。そして、自己評価が低い人にはもうひとつの面があります」

「もうひとつの面ですか？」

「先ほどの人は、自分がダメな人だと再認識させてくれる人を求めたのですが、次の人は自分がダメではない人だと思いたいのです。自分はダメな人だと思っているから、反対にダメではないと思わせてくれる人を求めるのです。ここで波動の共振が起きます。ダメだと思いたくない人と、ダメではないと思わせてくれる人、欲求が合致しますね。ダメだと思っている人に上から命令したり、服従させたりすることで、ダメな人ではなく自分は力のある素晴らしい人だと思えるのです。お互いの合意が成立し、ラインを繋ぎ、お互いの共有の世界で遊ぶことになるのです。無意識の自動運転に任せていると、その人と別れても、また別の同じような傾向の人とラインを繋げることになってしまいます。また、同じようなことを繰り返し、どうして私にはこんなことばかり起きるのでしょうと思うのです」

「そういうことですか・・・ならば、その繰り返しを避けるためには？」

「無意識の自動運転を解除して、意識的に選ぶしかありません。まず、自分がダメな人だという思考をやめるのです。自分がダメな人だと思わせてくれそうなパラレルではなく、気持ちがいいパラレルを選択していくのです。そのためには予告編をしっかりと見ればいいのです。いつもと同じような予告編であれば、違うものを選べばいいのです。自分はダメだと思っていない人は、予告編で少しでも自分をダメな人だと思わせるような人だと分かれば、そのパラレルは選択しません。その前に自分をダメだと思わせる人と共振はしないので、そのような予告編も見ないのです。自分の望まない３Ｄメガネは最初からかけないのです」

「結局、すべては自分の選択によるということですね」

「そうです。自分がどのような世界を楽しみたいかということに尽きるのです。暴力的な人に魅力を感じるのはどうしてでしょうか？　と自分に聞いてみるのです。どうしてもそのような人に魅かれるならば、その人を選択するのも自由なのです。イヤならば選択肢を見直せばいいのです」

「選択肢を見直す・・・」

「選択肢は自分で創っているのです。それがパラレルなのです。パラレルはあなたの意識が創った幻の世界なのです。ですから、どんな世界も創ることができるのです」

「何度も同じことを言わせてしまってすみません」

「大丈夫です。パラレルの概念は、あなたたちにはイメージしにくいことだと思いますので、できるだけ具体的にお話していきたいと思います」

「ありがとうございます」

「あともうひとつ、イヤなパラレルを創らないやり方があります」

「それはどういう？」

「イヤなことをイメージし尽くすのです」

「イヤなことを・・・イメージし尽くすのですか？」

「そうですね、例えば、先ほどの例でお話すると分かりやすいと思いますので、先ほどの例を使いますね。暴力的な人ばかり、自分を支配しようとする人ばかりを選んでしまう方は、とことんその予告編を見ればいいのです。それが今までも沢山体験してきたパラレルだと分かります。そして、そのパラレルがどのようなものかも大体の察しがつきます。この次はこういうストーリーになっていくと分かります。そして、その次もこういうストーリーが繋がっていくと分かります。それをどんどんイメージしていく、徹底的に推察していくのです。

そうすると、小さなパラレルがどんどん、できていきます。そして、最初に選んだパラレルをイメージすると、その先の小さなパラレルも大体同じような世界だと分かります。

その小さなパラレルたちが織りなすストーリーの中から、どれを選ぶか決めましょうと思ったときに、そこにはないと思うことができるのです。その中のどれもイヤですと思えるのです。

だから、最初の選択はあり得ないと思うことができるのです。そして、今までの傾向とは違うパラレルを選ぼうと思えるのです。だから、イヤなパラレルを選択することがなくなり、それを体験することもなくなるのです。そうなると、もう支配的な人は選ばなくなります」

「とことん悪いことをイメージしていくのですか？」

「そうです。とことんイメージしていくことで、そのパラレルを選ばなくなります。だから、それを体験しなくなるのです」

「他にもそうなるような例はありませんか？」

「例えば、地震などの天災、事故、病気などもそうですね」

「そんなことも避けることができるのですか？」

「そうです、そのような出来事もあなたが選択しているのです」

「何だか、それは、よく分からないです。だって、天災などはみんなに起きますよね？」

「それが共振の話になるのです」

「共振と言っても、みんなに同時に一斉に起きることですので、それは共有意識でどうしようもないのでは？」

「そこはちょっと難しい話になります。では、地震についてお話したいと思います。

同じ地域でも、ひどく揺れて怖かったという人もいれば、そうでもなかったよという人もいます。私は全く感じなかったという人もいます。それは分かりますね？」

「はい、それは不思議だなと思っていました。同じ地域なのに大きな被害に遭った人と、ほとんど被害に遭わなかったという人がいるのはとても不思議です。でも、それは地盤とかにもよるし、物理的なことではないのですか？」

「物理的なことも思考で創っているのです」

「それは信じにくい話です、パラレルの話と結びつけるのはちょっと無理があるのではないですか？」


「例えば、あなたが常に地震を怖れているとします。それは波動エネルギー的にどういう状態だと思いますか？」

「怖いと思っているわけですから、そこにフォーカスしているということになるんですよね」

「そうですね。フォーカスしていると、どうなりますか？」

「フォーカスしているところに自分の現実を創造する？　ホログラムを創ってしまうということですよね」

「そうです。近々地震が起きるといわれて、それを怖がっていると、そこにフォーカスしてしまいますので、地震を体験するという現実を創造してしまうのです。あなたがどこにフォーカスしているかであなたの現実、ホログラムは違ってきます」

「ならば、パラレルという観点から見たら、地震は起きないと思っていたら、地震が起きないパラレルを選択できるということですか？」

「簡単にいうとそういうことです」

「ならば、みんな地震や他の天災などにフォーカスしなくなれば、天災などは絶対に起きなくなるのですか？」

「そこにはまた別の要因も入ってきますので、絶対にそうだとは言えないのですが・・・ほとんどそうです」


「ほとんどそうですとは？　何だか歯切れが悪いですね。どういうことですか？」

「そこには地球の共有意識も入ってきますので、絶対に地震は起きないとは言えません。地球のエネルギーは循環しています。循環するということは変化するということです。変化しなければ循環が起きないのです。ここまでは大丈夫ですか？」

「はい、ということは地球の循環のために地震は起きるということですか？」

「そうです、それは物質的な循環という意味で必要になりますので、地球と共振しているあなたにとっても必要な地震なのです。でも、そこに大きな怖れを抱いていなければ、最低限の揺れで済みます。大きな被害が出ることはそんなにないのです」

「というと、大きな被害が出ている地震はどういうことですか？」

「あなたたちは今、怖れすぎているということです」


「怖れすぎている？」

「あなたたちはテレビなどで、近々大きな地震が起きますと言われることがあります。台風もそうですね。台風などは、近年稀にみる大型台風です、などという言葉で随分脅かされています」

「確かに、最近は大げさな修飾語がついて報道されています。でも、それが何か関係があるのですか？」

「それらの言葉は、あなたたちに地震や台風などの天災にフォーカスさせる言葉になります。それも巨大なとか、ものすごい脅威だとか、恐ろしい言葉を羅列されるとイヤでも怖れとともにフォーカスせざるを得なくなります。フォーカスしたところに現実ができるのですから、それを体験することになります。自分でその恐ろしいパラレルを選択したことになるのです。そして、怖れ方によって現実も変わってくるのです。ものすごく怖がって常に地震が起きるのではないかとビクビクしている人は、大きな地震を体験する現実を創造します。怖がっているけど、それほどまでフォーカスしていない人は、揺れは感じたけど、そこまでではなかったと思います。そして、地震が起きたときは起きたときでなんとかなると思い、地震にフォーカスせずに別のことにフォーカスしている人は、地震が起きたことさえ気がつかないという現実になるのです。そのときは気にしていなかったと思っていても、潜在的に自動運転で天災などを怖がっている人はそれを選んで体験することもあります」

「でも、何のために？　そんな大げさな報道をするのですか？」

「それに関しては社会のシステムの問題になりますので、前著をお読みいただければと思います。あなたたちを怖がらせることで利益を得る人たちがいるということだけ、ここではお伝えしておきます。ですので、地球自身が起こすものよりも、どんどん天災が大きくなってきているのです」

「地震などの天災が大きくなるようにされているのですか？」

「そうです。そして、そこにまた共振も使われているのです」

「共振も使われている、とは？」

「大きく報道することで、地震に対して怖れを持つ人が増えます。怖れを持った人たちが、自分たちの世界を繋ぐことで、繋ぎ合った人たちの現実は共有されます。だから、大きく地震を感じる人たちの世界ができるのです。

そして、あまり感じない人たちの共有の世界もできます。感じなかったという人たちの共有の世界もできるのです。その人たちの世界は別々に存在するのです。存在するといっても場所ではありませんが。だから、大きな被害を受けた人や恐怖を持った人たちと、そうでもない人たちと、感じなかった、地震などなかったという人たちがいるのです」

「面白いっていうのはどうかと思いますが、そういう視点で見てみると面白いですね」

「これが波動エネルギーであり、パラレルなのです」

「何を選ぶかは、どこにフォーカスするか・・・ということですね」

「そうですね、どこにフォーカスするかであなたの現実、ホログラムは違ってくるのです。これがパラレルなのです」

「でも、前の暴力的な人を選ぶパートナーの話では、とことん悪いことをイメージすれば、それは選ばなくなるという話でしたが、じゃあ、地震についてもとことん悪いようにイメージしていけば、それを選ばなくなるということですか？　そして、しっかりと準備しておけば大丈夫ということですか？」

「そうなのですが・・・同じ準備をするにしても、視点が変わればパラレルも変わってきます」

「どういうことですか？」

「とことん悪いイメージをしておけば、そうなったときにどうするかを考えることができます。ただ怖がって地震にフォーカスするのとは違うのは分かりますね？」

「はい、次に起きることが分かるとそれを選ぶことはやめようと思えるからですね」

「そうです、とことん自分が思う悪い状況をイメージすれば、それはもう選びませんと思えるので、その現実、パラレルは選択しないのです。だから、そういうときは準備もしなくなります。だから、もっとそのような現実は体験しないのです。

でも、準備をした方が安心するということもあります。しっかりと準備をしたから、これはもう地震が起きても大丈夫と思い、他のところにフォーカスすることができます。そうなると地震にフォーカスがあまりいかないので、地震を体験することも少なくなります。ただ、怖れから準備をして、準備をしてもまだ安心できないと思って怖がっていると、地震が起きるというパラレルを創り、それにフォーカスし続けることになってしまい、地震を体験することになります」

「自分でパラレルを創り、自分でどのパラレルを選ぶかということですが、では他に創ってしまったパラレルはどうなるのですか？」

「それは前にもお伝えしましたが、あなたが思考で創ったパラレルはそのまま存在します。今のあなたが地震を体験しない方のパラレルを選んでも、別のパラレルを選んだあなたも存在するのです。厳密には存在するのではなく、意識するあなたの前に画面は存在します」

「そこが不思議で仕方がないのです。では、そのパラレルはどうなっていくのですか？」

「その話はもう少しパラレルのことが理解できるようになってからお話したいと思いますので、お待ちください」


「分かりました。では、事故も同じように考えればいいと？」

「そうです。例えば、車を運転していて、車道を走っている自転車に気がつくとします。危ないな、こちらに寄ってこないで欲しいなとその自転車ばかりに気を付けていると、知らず知らずに自分から自転車に寄っていってしまっているという話を聞いたことはありませんか？」

「それ、教習所で聞きました」

「危ない、離れようと思いながら反対に寄っていってしまうということもあるのです。フォーカスしすぎるとそちらに動いていくのです。事故もそうですね。事故を起こしたくないとあまりにも心配しすぎると、反対に事故を起こすパラレルにフォーカスしてしまうのです。

とても単純な言い方をすると、あなたは事故を起こさないパラレルと、事故を起こすパラレルを創ります。そして、事故を心配する気持ちが大きくなると、事故を起こしてしまうパラレルの方があなたにとって大きな存在になり、そればかり見えてしまうということになります。だから、そちらを選択してしまうのです」

「何か信じられない話ですね、自分で事故を起こすようにしてしまうって。だって、誰だって事故を起こしたくないわけでしょ？　それなのにわざわざ事故を起こす方を選ぶなんて・・・そんなこと考えられないです」

「それが波動エネルギーなのです。波動エネルギーはとてもシンプルなのです。頭ではそんなことは考えていないって思っていても、心配しすぎるとそちらのフォーカスが強くなってしまいそちらのパラレルに引っ張られるのです」

「パラレルに引っ張られる？」

「どう表現すればいいでしょうか？　パラレルは物質ではありませんが、ちょっとイメージしやすいようにお話すれば、二つの風船があるとします。どちらも同じ大きさなのですが、ひとつだけにフォーカスすると、そちらの風船が近づいてくるという感じです。近づいてきた風船の方が大きく見えますね。存在感が増します。その風船の方が手に取りやすくなります。

だから、ついついその風船の方を手に取ってしまうという感じでしょうか」

「あ〜、そういう感じなのですね。そう言われると分かります」

「何も判断せずに、予告編も見ずに、ただ目の前に大きく現れた方を手に取ってしまうということになるのです」

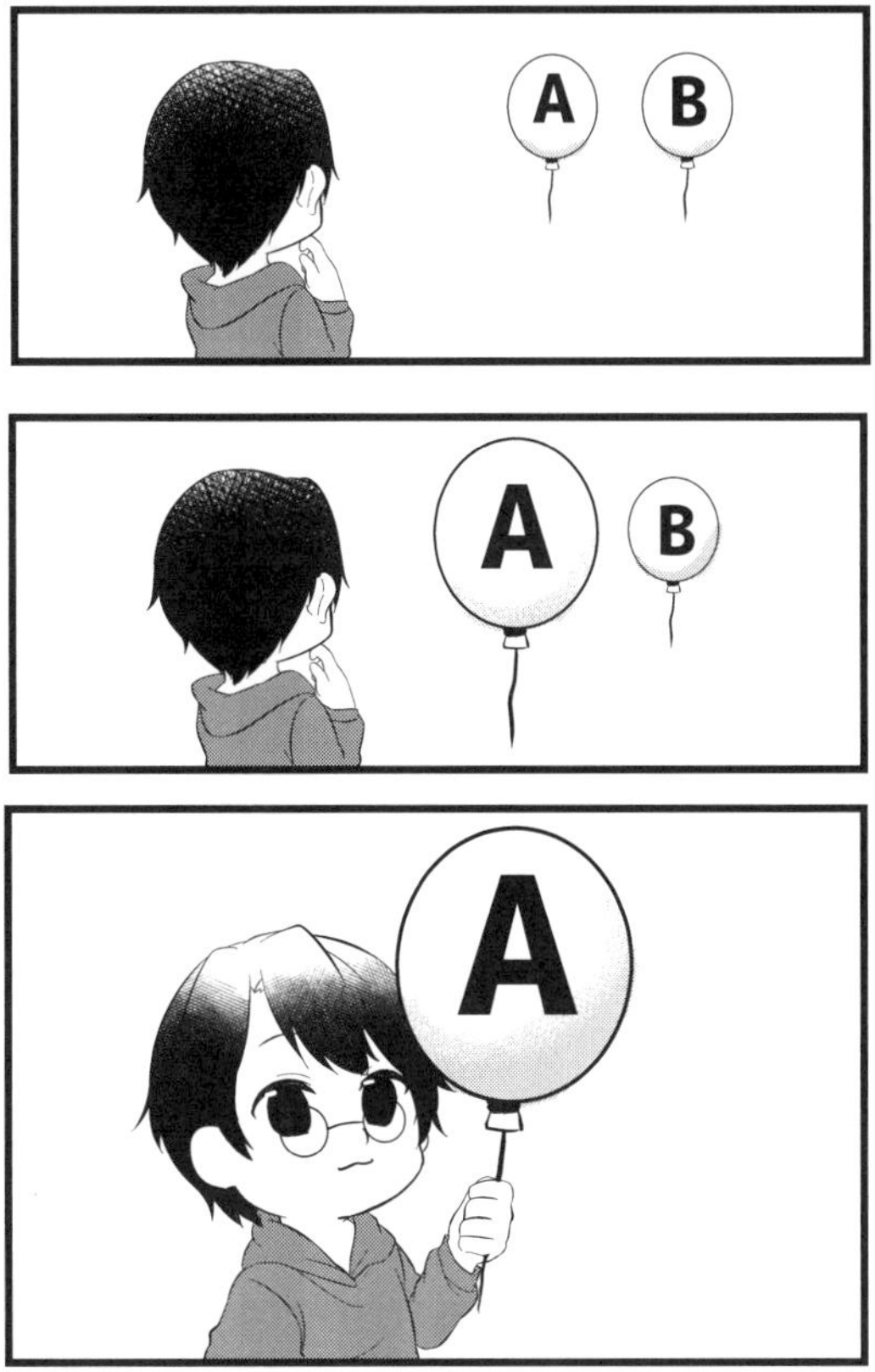

「でも、突発的な事故、巻き込まれ事故みたいなこともありますよね。そういう場合は予告編もなくそれを選んでしまうということですか？」

「それも共有意識で選んでいるのです」

「共有意識ですか？　その事故に巻き込まれた人たちが皆、事故に遭う方のパラレルを選んでいると？」

「例えばですが、電車に乗っていて事故に遭うという場合も同じなのです。同じパラレルを選ぶという選択をしているのです。同じパラレルで繋がるという共振をしたのです」

「さっきも言いましたが、誰も事故になんて遭いたくありません。自分で事故を起こすパラレルならばまだしも、電車に乗っているだけです。その電車が事故を起こすなんて誰も心配していません。それなのに、どうして共有のパラレルができるのでしょう？」

「これは個々人によって違うので、すべての人を例に出すわけにはいかないことをご理解くださいね。そして、表面的な思考に上がってきていない思考があることもご説明しました。

無意識の領域で選択しているという話です。それは大丈夫でしょうか？」

「はい、だから、無意識の領域の思考を表面に上げてくださいというお話でした」

「これからお話するのは、あなたたちにとっては、とてもセンシティブな話になります。あなたたちは事故に遭う、怪我をする、死ぬということにとてもナーバスです。それはとても悪いことだと思っています。だから、そんな悪いことが起きるなんて耐えられないと思ってしまうのです。でも、それも自分で選んだパラレルなのです」

「何度も言いますが、悪いことが起きるパラレルなど選ぶ人はいないです。だって、皆幸せでいたいのですから」

「それは物質社会の、特にあなたたちの社会だけの考えなのです。パラレルは沢山あります。そして、絶対無限の存在自体がパラレルの集合体なのです。アカシックレコードとも表現します。そして、同じようなパラレルだけでは成立しないのです。絶対無限の存在は、沢山の経験をしたいのです。色々なパラレルを観たいのです。あなたが映画を観るような感じです」

「映画を観るような感じ？　絶対無限の存在においてパラレルは映画なのですか？」

「そうイメージしていただければ理解しやすいかと思います。あなたも映画を観ますね？」

「はい、映画は大好きです」

「映画を観るとき、まあ、人それぞれの興味がありますので、個人だと似たようなジャンルの映画ばかりになるとは思いますが、それでも違うジャンルの映画も観たくなるときがあると思います。いつも同じような映画ばかりだと飽きてしまうのです。たまには全く違うジャンルの映画も観たいと思います。それと同じだと思ってください。

絶対無限の存在には個性はありません。でも、意識はあるのです。その意識が色々な経験をしたいと思って沢山の個性を創り出して、色々な体験をしているのです。あなたも、私も、隣の人も、すべて絶対無限の存在なのです。個性を持った絶対無限の存在なのです。だから、偏らずに色々な体験ができるのです。ひとつのジャンルだけではなく沢山のジャンルの映画を観ることができるのです。楽しいストーリーもあれば、悲しいストーリーもあります。ハッピーエンドで終わるストーリーもあれば、最後まで悲しいストーリーもあります。怖いストーリーもあります。同じジャンルの中でもみんな違うのです」

「何だか訳が分からなくなってきました、私は事故の話、事故に遭いたいなんて思う人はいないですよね？　という話をしていたのですが・・・」

「私がお伝えしたいのは、パラレルというのはもっと広い概念だということです。物質世界の、それもあなたの社会だけの価値観、考え方だけでは理解しえないものだということです。先ほどもお伝えしましたが、あなたたちは死についてとても怖がります、悪いことが起きたと思います。でも、絶対無限の存在の意識を持ってすれば、死は怖いものではないのです。怪我もそうです。病気もそうです。すべては映画の中で進められているストーリーの一コマなのです。ひとつのパラレルなだけです。パラレルは幻、思考エネルギーが創り出したホログラムなのです。あなたはそのホログラムに入り込んでしまっているので、広い視点で考えることができなくなってしまっているのです。目の前のホログラムだけで判断しているのです」

「どういうことですか？　死は怖くないことを知っているから、経験として事故も自分で選んでいると？」

「死だけではありません。すべての出来事は映画の中のストーリーと同じだとお伝えしています。ずっと何も起きず、ただずっと同じ出来事ばかりの映画は楽しいですか？」

「それは、つまらないです」

「何かハプニングなどが起きるから集中して楽しめるのです。それと同じだと思ってください。もう少し広い視点で考えてみてください」

□　広い視点

「ならば、事故に遭うというのも、そんな軽い出来事として考えてくださいということですか？

でも、本当に事故に遭った人はそうは思えないですよね」

「それは、そういう思考になってしまっているからです。例えば、暴力的なパートナーの話のときにもお伝えしましたが、自分でどうしてそのパラレルを選んだかを考えることができれば、次に選ぶパラレルも意識的に自分の本当に望むパラレルを選ぶことができるのです。自分に悪いことが起きた、それは人のせいだと思っていたら、ずっと自分で好きなパラレルを選ぶことができなくなります」

「では、事故に遭う、巻き込まれるというのも、暴力的なパートナーを選ぶのと同じだということですか？　不慮の事故であってもですか？」

「そうなのです。例えば、学校に行きたくなくて、どうしても行きたくなくて、何とか行かなくて済む方法はないかと考えていたとします。会社でもいいです。そういうときに無意識に事故に巻き込まれるというパラレルを選択することがあります。フッと、頭のどこかで電車が止まればいいのに、とか、事故が起きて行けなくなるような状況になればいいのに、とか、無意識に考えていることがあります。無意識に考えてもパラレルはできます。そして、本当に行きたくない、行かなくていい方法はないかなと思っていると、さっきの風船の話のようにそのパラレルに魅かれることになるのです。そして同じようなことを考えている人たちとエネルギーを繋げてしまい、共振し、共有のパラレルを体験することになります。

地震の話のように、事故に遭うパラレルと共振する人たちと、事故に遭わないパラレルと共振する人たちがいるということです。表面的に楽しそうに学校に通っているように見えても、本心はどうなのかは他人には分かりません。本人にも無意識に考えているときは分からないのです。もし、自分が学校なり会社に行くのがイヤでイヤで仕方がないということを意識することができれば、そのような事故に遭うパラレルを回避することができるのです。事故に遭わなくても、あなたたちの社会で悪い出来事と言われることを起こさなくても、学校に行かないというパラレルを創り、そちらを選択することができるからです」

「そういうことなのですね。自分で気がつかないところで考えていることがあるとは怖いです」

「だから、常に自分が何を考えているかを意識してくださいとお伝えしているのです。自分がどのようなパラレルを創っているのか考えてください。自分でどのような映画のストーリーを創っているのか分かれば、どのストーリーの映画を観たいのかを選択することができます」

「考えたことが全部パラレルになるって思うと、なんか考えるのが怖くなりますね」

「でも、考えることをやめることはできませんね。考えている意識があなたなのですから。考えることをやめてしまったらあなたの意識もなくなってしまいます」


「意識がなくなるというのは、どういうことですか?」

「意識があなたなのです。意識は絶対無限の存在そのものなのです。絶対無限の存在は循環です。思考エネルギーの循環なのです。絶対無限の存在は自分が居るという意識です。その意識を沢山に分けて個性を創っているのです。その個性があなたであり、私なのです。個性は思考なのです。色々なことを考える存在が個性なのです。だから、宇宙に同じ思考をする存在はいません。個性の数だけ思考があるのです。その思考で沢山のパラレルを創っているのです。あなたという個性だけでも膨大なパラレルを創っています。あなたの個性は無限のパラレルを創って、そして、その中から選択して(フォーカスして)現実と呼ぶホログラムの中で遊んでいるのです」


「何か壮大な話ですね」

「でも、日常の話なのです。生活と密着している話なのです」

「そこがなんか不思議ですね。壮大な宇宙の話なのかと思えば、日常生活の話でもある。面白いです」

「あなたは宇宙なのです。あなたの思考エネルギーが宇宙を創造しているのですから」

「でも、こんなに小さな世界でチマチマ生きているのも私ですよね」

「それも考え方ひとつですね。自分の世界が壮大なものだと思えば楽しい世界になりますし、チマチマしたつまらない世界だと思えばつまらないと認識する世界になります」

「そりゃそうですけど、なんか上手くいかないことばかりで、本当に自分でそんな世界を創っているの？　って、思っちゃいますよ」

「ならば、つまる？　世界を創っちゃえばいいのではないですか？　簡単な話です」

「つまる世界って（笑）　そう簡単におっしゃいますが、そんなに簡単にはいかないですよ」

「どこがどう上手くいかないのですか？　何が原因なのでしょうか？」

「将来のことは分からないですよね。自分がどのような思考でパラレルを創っているか分からないし、たとえ分かったとしても、次のその次のパラレルは予想できませんし、ならば将来はどうなるの？　って、感じですよ」

□　つまらない世界

「本当につまらなくなる思考ばかりですね」

「え？　どういうことですか？」

「つまらない世界を創る思考がお上手だと言っているのです」

「褒められているのかな？」

「褒めています。あなたは上手に自分がつまらない世界になる思考をして、上手につまらない世界になるパラレルばかりを創り、その中で上手につまらない世界を選択しているということです。それは素晴らしい世界です。あなたは自分で望んでいる世界を上手に生き続けているのですから」

「何か嫌味にしか聞こえないのですが・・・」

「嫌味ではありません。あなたは自分の世界を上手に創っているのです。ただ、それが自分の気持ちのいい世界ではないということです」

「気持ちのいい世界じゃなきゃ、上手に創っているとは言えないじゃないですか」

「でも、あなたは気持ちのいい世界を望んでいるのではなく、何かすっきりしないつまらない世界を望んでいるのです」

「冗談じゃないですよ。つまらない世界なんて望んでいません。楽しい世界を望んでいます」

「ならばどうしてつまらない世界にするのですか?」

「つまらない世界にしているのではなく、つまらない世界になってしまっているのです」

「あなたの世界をつまらない世界にしているのは誰ですか? 誰のせいでそういうつまらない世界に生きざるを得なくなっているのですか?」

「誰のせい?」

「自分で望んでいないのであれば、誰かのせいでそのようなことになっているのですよね? その誰とは誰なのでしょうか?」

「え? 政治家のせい? 家族のせい? 会社の社長が給料を上げてくれないから? パートナーが優しくないから?・・・なんてことはないですよね?」

「最初にお話した波動の話、パラレルの基本の話を思い出してください。あなたの思考がパラレルを創っているのです。あなたが思考することでパラレルができるのです。そのパラレルの中からあなたが興味を持ってフォーカスすることであなたが体験するパラレルが決まるのです」

「ですよね。そう考えると、すべて自分が思考して、選択した結果だということですよねぇ」

「ですから、上手に自分の望む世界を創っていらっしゃいますねとお伝えしたのです。ここを忘れないでください。自分で自分の世界を創っているのです。それを人のせいや何かのせいにしないでください。自分以外の存在のせいで自分の世界はつまらなくなっていると思ってしまうと、この先自分で自分の望む世界を創ることができなくなります。あなたは気持ちのいい世界を望んでいるのですね？」

「はい、私は気持ちのいい世界を創りたいと思っています」

「ならば、簡単ですよね。気持ちのいいことを考え、気持ちのいいパラレルを沢山創り、その中から一番気持ちがいいと思うパラレルを選択すればいいだけなのですから」

「そうは言っても、楽しいことばかり考えているわけにはいかないですよ」

「どうしてですか？」

「だって社会はそんなに甘くないですからね」

「甘くないと思っているから、甘くない世界を創っているのではないですか？」

「いや、そう言われても、実際、甘くないですから・・・」


「では、先ほどの事故の話に戻りますが、学校に行きたくないと思いながらイヤイヤながら学校に行こうとしている人の思考は、どのようなものでしょうか？」

「どのような・・・と言われても、行かなければいけないから頑張って行こうとしているということですよね」


「そうですね。行かなければいけないと思っているから頑張って行こうとしている。でも行きたくない、行かなくていい状況になればいいのに、ここで事故に遭えば行かなくてよくなるよね、事故起きないかなぁ～っていう思考ですね。この思考が表面的なものかどうかは関係ないのです。無意識にでも、この思考があればパラレルはできます。そして、その思考に共振すれば事故に巻き込まれるというパラレルを選択するのです」

「それは先ほど伺いましたが・・・」

「ならば、他の思考はできないですか？」

「他の思考？」

「例えば、学校に行きたくないと思ったら、行かないパラレルを選択すればいいのでは？　行かないという思考もしたはずです、だから、そのパラレルも創っているのです」

「行かないと決める？　ずる休みをするということですか？」

「ずる休みかどうかは分かりませんが、というより、学校を休みたいと思うのはずるいことですか？」

「世間では何の理由もなく学校や仕事を休むことをずる休みって言います」

「何がずるいのでしょうか？」

「学校に正当な理由なく行かない、休むというのはよくないことですから。怠けていることになります、だから、ずる休みということです」

「その思考です。その思考が事故に巻き込まれるパラレルを選んだのです」

「え？　どの思考ですか？」

「行きたくないのに行かなければいけないという思考です。正当な理由がなければ休んではいけないという思考です」

「でも、それは常識ですよね。学校、仕事は理由がなければ休むのはずるいこと、怠けていることになります」

「行きたくないのに行くのが常識でいいことなのですか？」

「世間ではそうです」

「世間・・・今のやり取りでお伝えしたいことは山ほどありますが、本質がブレてしまいますので話をパラレルの方に戻しますね。

行きたくない、休みたいと思っているのに、何も理由がない。ただ行きたくないという気持ちでは理由にならないと思っているから事故に巻き込まれるというパラレルを選んだのです。

事故に巻き込まれたら、それは誰もが認めてくれる理由になります。堂々と学校を休めるということです」

「そういうこと・・・ですか」


「学校に行きたくないと思ったときに、素直に学校に行かないというパラレルを選択していれば、そのような事故に巻き込まれるという楽しくないパラレルを体験する必要はなかったのではないでしょうか？」

「そう言われると、そうかもしれません」

「社会は甘くないと思っているから、甘くないパラレルばかりを創り、その中でまだマシかなと思うパラレルを選択しているのです。だから、つまらない、つまらないと嘆きながら生きていくことになってしまうのです。気持ちのいいパラレルをあなたが自分で選択しないということになってしまうのです」

「そうなると、どういう思考をすればいいのか分からなくなります」

「簡単じゃないですか？　行きたくないと思っているのですから、行かないと素直に思えば行かないパラレルができますから、それを選択すればいいのです。行かないパラレルは素直に望んでいるパラレルですから、楽しい気持ちのいいパラレルを体験することができます」

「でも、そんな選択ばかりしていたら、世間では落ちこぼれてしまいます。やっぱり世間も大事ですよね」

「先ほどの話に戻りましょうか？　そこからお話した方がいいかもしれませんね」

「先ほどの話とは？」

「ずる休みの話からです。世間という話からです。あなたは楽しいパラレルを選びたいと思っていますね」

「はい」

「あなたにとって楽しいパラレルとは、どういうものですか？」

「楽しい・・・好きなことをしていられるということでしょうか？」

「好きなこととは？」

「例えば・・・私は野球が好きなので、バッティングセンターに行ったり、誰かとキャッチボールをしたり、夜は野球の試合を観たりしたいですね。それから・・・」

「ちょっと待ってください。ひとつずつ整理していきましょう。まず、野球のことですが、あなたは野球をしたいのですね？」

「はい。好きなときに、気が向いたときに野球ができれば嬉しいですね。バッティングセンターもいいですが、やっぱり試合にも出たいと思います。それができる生活を考えるとワクワクします」

「ならば、野球をすればいいじゃないですか？　簡単なことだと思いますが？」

「いや、そう簡単ではないですよね」

「どうしてですか？」

「まず時間ですよ。仕事をしていたらそんなに自由に時間はつくれないですよね。それに一緒にやってくれる人たちも仕事をしているから、時間を合わせるのは難しいですし・・・野球を仕事にするなんてもっと無理ですし・・・」

「その思考だと、できないパラレルしか創ることができないですよね？　仕事があるからできない、一緒にやってくれる人も仕事をしているから自分がやりたいと思うときに時間が合わない。あとは・・・」

「もう年齢も年齢なので、野球をした後は筋肉痛にでもなったら仕事に差し支えるし、怪我をしたら困るし、家族もいるから、自分ばっかり好きな野球番組を観ることはできないし・・・」

「ご自分の言葉を思い返してください。言葉は思考です。思考したから言葉になります。そうですね？　考えてもいないことは言葉にはなりません。あなたは今どういう言葉を口から出しましたか？」

「仕事があるから時間が取れない、一緒にやってくれる人がいない、年齢的に厳しい、自分だけ好きな番組を観ることができない・・・って、そうですよね、できない理由ばかりを並べていますよね。でも、それが実際の生活じゃないですか？」

「実際の生活はあなたが創っているのではないですか？　今までそれをお話してきたのですが」

「そうですけど。理論的にはそうだと思いますけど、でも、実際そんな生活は余程のことがない限り無理ですよね、生きていかなくちゃいけないんだから。そんな話は理想論にしか思えないです」

「では、あなたはできるように考えましたか？」

「できるように？　できるように・・・って？　だって、実際問題できないじゃないですか？」

「誰ができないって決めたのですか？」

「いや、それは私かもしれませんけど、でも、現実をしっかりと見てみたら、それはできないって判断しますよね？　誰でも、この社会で生きている人はみんな」

「この社会・・・ですか？　でも、あなたが言っているこの社会の中でも、好きなことをしながらも楽しく豊かに生きている人はいます。それはどうお考えですか？」

「確かにいらっしゃいますけど、そういう方たちは特殊な環境や才能を持った方だからできるのでは？」

「その方たちは特殊な環境にいて、素晴らしい才能を持っているわけではありません。その方たちは考え方がそうなっているだけです」

「考え方がそうなっている？　どうなっているのですか？」

「好きなことができるパラレルを創り、そのパラレルだけを選んでいるということです」

「好きなことができるパラレルを創ると簡単に言いますが、好きなことができるパラレルは余程のことがない限りできないですよね」

「では、先ほどの質問に戻りたいと思います」

「先ほどの質問って？」

「あなたはできるように考えましたか？　ということです。できない理由は沢山聞きました。でも、どうやったらできるようになるかというお話はひとつも出てきませんでした。そうですね？」

「でも、できないものはできないから仕方がないじゃないですか？」

「考える前からできないと諦めているということですか？　それではできないパラレルしか創れませんね？」

「でも、できるとは思えないですよ。だって仕事があるから、仕事をしなければお金を稼ぐことができなくて生活することもできないですよね。生活できないのに野球をしている場合ではないですよね？」

「仕事は絶対にしなければいけないのですか？」

「そりゃそうですよ、仕事をしなければ生活はできないです」

「あなたにとって、仕事とはどういうことですか？」

「仕事は・・・仕事ですよ。会社とかに勤めて、給料をもらうことです」

「それしか仕事はないのですか？」

「会社に勤めなくても、仕事はしなければいけないですよね。独立するという考えもあるけど、そうなると会社に勤めているよりもっと働かなくてはいけなくなり、それこそ野球なんかしている暇はなくなります」

「とことん・・・ですね」

「何が、ですか？」

「とことん固い考えですね」

「固い？　私の考えが、ですか？」

「もっと柔軟に考えればいいのではないですか？　例えば、あなたは野球がしたいと、野球が好きなときにできる生活がしたいと思っている。そうですね？」

「はい、そうです」

「では、できない、ではなく、そういう生活をするにはどうしたらいいでしょうか？　と考えてください。考える前に、また、あれもできない、これもできないと言い出しています。

あなたの現実は、あなたが創り出した幻です。あなたが創っているのです。誰かが創ってあなたに無理にその現実を体験しなさいと押し付けたものではありません。そこはご理解いただけていますか？」

「はい、大丈夫だと思います」

「ならば、簡単ではないですか？　それは現実的に無理です、実際にはできませんと考える前に、どうやったらそういうパラレルを創ることができるかを考えればいいのでは？

考えるとパラレルができます。これは波動エネルギーの基本です。パラレルがいくつもできたら、その中からあなたが一番いいと思うパラレルを選べばいいのです。あなたの世界なのです。それなのに、他の人の世界を覗いて、その人たちの世界と繋げて、その人たちの世界を見習い、その人たちと同じような世界を創らなければいけないと思い込んでいるのです。自分の世界を大切にするのではなく、共振して創っている世界だけを大切にしようとしているのです。自分の世界を中から見るのではなく、外から見てああだ、こうだ、と言っているのです」

「ならば、具体的にどう考えたらいいのですか？」

「沢山のアイディアがありますね。会社を辞めるというパラレルも創れます。会社を辞めれば自由な時間ができます」

「いやいや、会社を辞めたら生活ができなくなりますよね」

「それも思い込みですね。それも常識ですか？」

「常識というか、実際問題そうなりますよ」

「でも、会社に勤めない人たちも沢山いますよ？」

「確かにそうですが、それはさっきの話に戻ります。何か予め持っている人だからできるのです。特殊な能力や環境がないと無理ですよ」

「どうしてここにきてもまだできないことばかり考えるのですか？　もっと気軽に考えてはいかがですか？」

「気軽に、って言われても、そう言われたら真剣に考えてしまいますよね。だって生活がかかっているのですから・・・」


「あなたは真剣に考えているのではなく、深刻に考えてしまっているのです。だから、面白くない考えばかりにいってしまうのです。楽しんで考えてみてください。今の生活とは違うところで遊んでみてください。例えば、野球が好きなら自分でバッティングセンターを造ってみたらどうですか？　それも仕事になりますよ。お金も入ってきますから生活もできますね？」

「いや、いや、そんなことは無理ですよね、バッティングセンターを造るには最初に大きな資金がいりますし、土地もそんなにありませんし、そして、バッティングセンターじゃそんなに儲かりません。趣味的なものです」

「でも、実際にバッティングセンターはありますが・・・」

「それは、もうすでに大きな土地を所有していたか、お金があったかです」

「何故そこは言い切れるのですか？」

「そうしか考えられないからです」


「最初にバッティングセンターを造ろうと思った人はどうでしょうか？　その前にバッティングマシーンを考えた人はどうでしょうか？」

「どうでしょうか？　と言われても、何を問われているのか分からないのですが・・・」

「バッティングマシーンを考えた人は、きっと自分がそれを欲しかったのではないでしょうか？　軽くこんなのがあったらいいなって思ったのではないでしょうか？」

「そうかもしれませんね。でも、それが今の話と何か関係があるのですか？」

「まず、自分が野球を好きで、いつでも一人でバッティングの練習ができないかな？　と考えたのではないでしょうか？　野球が好きじゃないとそういう考えは出てきませんね。野球が好きでバッティングの練習がしたいけど、投げてくれる相手がいない、じゃあどうしようかと考えたのではないでしょうか？　そして、どうすればいいかを考えた。だから、バッティングマシーンができた。そうですね？」
「そうでしょうね。でも、その人には技術があったのではないですか？」
「技術は後から調べれば得ることができます。もしかしたら誰か機械に詳しい人に教えてもらったのかもしれません。でも、できた。それは事実です」

「何が言いたいのですか？」

「私が言いたいのは、その人はできないとは考えなかったということです。〝できるパラレル〟を創り続けたということです」

「〝できるパラレル〟？」
「そうです、できない理由は考えず、どうやったらできるか、だけを考え続けたのです。考えることがパラレル、現実、ホログラムになります、それは何度も何度もお伝えしています。ですから、できると思う方向の思考を続けていると、できる方向のパラレルばかりを創りますので、その中で選ぶパラレルもできる方向のものとなります。だから、できるという現実、ホログラムを体験するのです」

「確かに、バッティングマシーンはそうかもしれません。けど、じゃあ、実際にバッティングセンターはどうですか？　何もない人は造れませんよね？」

「バッティングマシーンを造った人は、野球が好きな人ですよね？」

「そうですね、それはそうだと思います」

「そういう人はどういう人とお友達になるでしょうか？」

「お友達？」

「野球が好きな人は野球が好きな人と話が合いますね？　そして、自然に野球好きな人たちが集まります。野球好きのお友達が沢山できます。その中でそのバッティングマシーンの話が出たらどうでしょうか？　自分も欲しいと思う人が出てきませんか？」

「出てくると思います」

「もしかしたら、仲間内ではなく他にも欲しいという人がいるかもしれないと思う人も出てきます。そして、その機械を他の人に売りましょうとアイディアを出してくる人もいるでしょう。野球好きな集まりはひとつ、二つではありません。沢山あります。

そして、それぞれいくつもの集まりに顔を出している人もいます。その人が宣伝すれば、その機械は皆に知られます。そして、自分は機械を買えないけど使いたいという人も出てきます。そしたら、その機械を一か所に置いて皆が使える場所を造ればいいというアイディアも出てきます。それがバッティングセンターという形になるのです。

そこからは、どうやって収益を得るかという話になっていき、仕事として成立していくのです。一人で何もかもやらなければいけないと思っていると、それは無理だと思うかもしれませんが、共有のパラレルを創ればできることもあるのです。皆がそれぞれの世界を創りながら、その世界を繋ぎ合えば共有のパラレルで遊べるのです」

「それが、〝できるパラレル〟だということですね」

「そうです。あなたが言う〝この社会〟の中でも自由に豊かに暮らしている人がいます。その人たちは特殊な環境や才能があるのではなく、考え方が違うだけですとお伝えしたのはそういうことです。たとえ特殊な環境や才能があっても、できないと言い続けている人は、自分が望むパラレルは創れないのです。反対に特殊と言われる環境も才能もなくても、できるパラレルを創り続けている人はできるのです。

そして、できるパラレルを創り続け、豊かで自由な生活をしている人たちは、お互いのラインを繋げます。同じような考え方をしているので気が合います、友達になっていきます。

そして、お互いできるパラレルを創りますので、共有のパラレルもできるパラレルになっていきます。だから、できないパラレルを創り、選んでいる人は、共有のパラレルでは遊べないということになります。考え方が違うと難しくなります。それは良い悪いではなく、単純に考え方が違うというだけです。同じゲームで遊んでいても、志向が違うと仲間にはなりませんね。上手な人たちは上手な人と遊んでいる方が楽しいですし、そんなにゲームの技術がない人は上手な人たちの中に入っても楽しくはありません。ゲームに対して同じような志向、技術を持っている人たちで遊ぶのです」


「お金持ちは、お金持ちで集まると言われますが、そういうことですね。お金持ちだけじゃなく、何でもそうですよね。気が合うって、考え方が合うっていうことですよね」

「ならば、あなたがそうなりたいと思っている人がいるならば、その人の考え方を参考にさせてもらえばいいのではないでしょうか？　その人の考え方、パラレルの選び方を参考にさせてもらって、あなたもそうすればいいのです。そうすれば、あなたの望んでいるパラレルを創ることができます」

「でも、どういう思考をしているかは分からないですよね、目に見えないので。どうすればその人がどういう思考をしているのか分かりますか？」

「その人の行動を見ていれば分かります。思考は行動になりますから・・・」

「そういうことですか。そして、私はできない理由ばかりを考える癖がついているということ？」

「それが、自動運転になってしまっているのです。でも、自分ができない理由ばかりを考える癖があると分かれば、無意識から意識に上げることができるので、自動運転ではなく、自分で考えて運転することができるようになります」

「でも、私だけじゃなくて、できないという自動運転をしている人って沢山いると思います。どうしてすぐにできないって思い込む癖がついてしまったのでしょうか？」

「それは、暴力的なパートナーを選ぶ人の話でも少しお伝えしましたが、自己評価が低くなってしまっているからです。自分はダメな人間だと潜在的に刷り込まれてしまった方が多いのです。ですから、何かしてみたいと思っても、自分ごときができるわけがない、いいアイディアが湧いてきても、そんなことは夢物語だと最初から諦めてしまうのです。〝できるパラレル〟を自分で否定してしまうのです」

「どうしてそんなことに?」

「学校教育の賜物ですね」

「学校教育の賜物? そんな賜物はいらないですが、もし、自己評価の低さが学校教育の賜物ならば、どうしてそんな教育をするのですか?」

「本来は賜物ではなく弊害なのですが・・・立場が変われば賜物となるのです」

「それってどういう意味ですか?」

「これは今のあなたたちの社会システムの話になりますが、この問題をはっきりと認識できないとパラレルの創り方についても理解できないと思いますので、少しお話させていただきますね」

「お願いします」

□ピラミッド型の社会

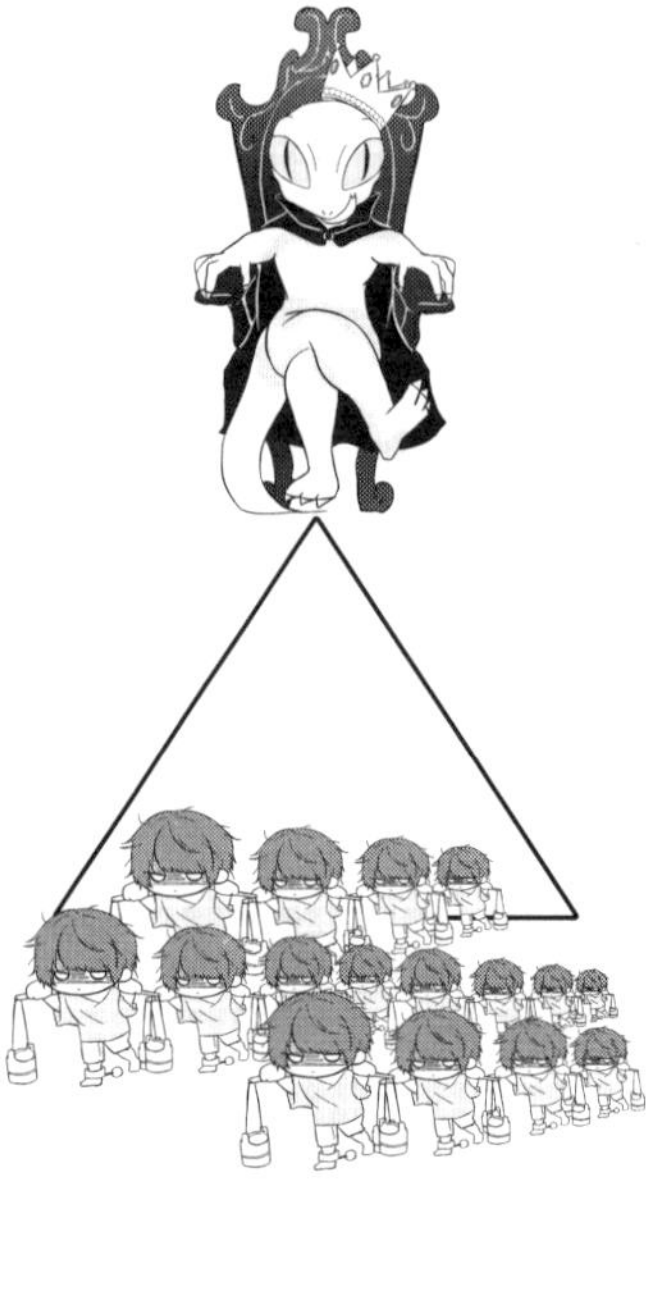

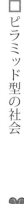

「あなたたちの社会は、ピラミッド型をしています。それはお分かりですね？」

「はい、前著でも教えていただいていますので・・・」

「ピラミッド型というのは、トップにすべてが吸い上げられていくシステムです。トップの権力者に権力や富やエネルギーが吸い上げられていくのです。ピラミッドのすそ野に位置する人々は、ピラミッドを支えているのです。トップの人たちに富やエネルギーを吸い取られているのです。そういうシステムの場合、トップの人たちは、すそ野の人たちに対してどう考えるでしょうか？」

「どう考える？」

「人々を自由にしようと思いますか？」

「それは思わないでしょうね、自由になってしまうと支配できなくなってしまいますから」

「そうですね。だから、波動エネルギーのことに関して何も教えないのです。もちろんパラレルの真実なども絶対に教えません。現実が幻、ホログラムであり、それは自分で創っているなどと教えてしまったら、彼らが作り上げたピラミッドはすぐに崩壊してしまいます。だから、彼らのピラミッドシステムの中に閉じ込めようとするのです。学校教育とは人々を閉じ込めるためのシステムなのです」

「まさか・・・学校教育は、知識を与えるためのものですよ。閉じ込めるって・・・どういう意味ですか？　知識を教えるということは、自分で考えることができるようにすることでは？」

「そうではありません。あなたたちの学校、特に日本の学校においては、考えることはさせません」

「考えることをさせない？　いや、ずっと勉強しています。考えさせていますけど」

「学校の授業を思い出してください。暗記ばかりではありませんか？　暗記させるのと考えることとは違うのです。暗記ばかりさせておけば、反対に考えるということをしなくなります。そして、頻繁にテストをします。テストに出るのは暗記の問題ばかりです。暗記しないとテストでは良い点が取れませんので暗記ばかりに集中します。そうなると、考えなくなります。問題を解くには暗記しなければいけないからです。その問題の本質がどこにあり、どういう考え方をすればいいかを考えず、ただ正解と言われる答えを出すために暗記していくのです。そして、もっと言えば、選択問題ばかりをさせることが問題なのです。この中から答えを選びなさいというものです」

「それが何の問題になるのですか？」

「自分で考えなくなります」

「選択問題で？」

「そうですね。予め答えがいくつか用意されていて、その中から正解と思われるものを選ぶということです」

「それの何が問題なのでしょうか？」

「正解は、その選択肢の中にしかないと思い込んでしまいます。誰かが提示した選択肢しか選ぶことができないと思い込んでしまうのです。そして、自分で考えることをせずに、他に何か別の答えがあるかもしれないと思うこともなく、その中でどれが答えかだけを考えます。本当にそれが正解かどうかも考えず、点数の取れると思われるものを選ぶということになります。そのときに必要なのも暗記です。暗記したことを選択肢の中から選ぶのです。自分で考えなくなります」

「そういうことですか。確かに学校のテストは暗記と選択問題ばかりですね。自分で考えて答える記述式は、ほとんどありませんね」

「記述式にも予め答えがあります。このような考え方をすると正解でマルをもらえます。それ以外の考えはダメな考えですということです。

一見、自由に発言させている、考えさせているように見えますが、結局は先生や指導官の思う通りの記述をしないといけないのです。どのような答え、記述が先生や指導官の好感を得るかということろに考えがいき、本当に自分で考える、自由に発想することができなくなってしまうのです」

「自分で考えないように教育しているということですか？」

「そうです。ピラミッドのトップの人たちは、考える人々はいらないのです。何も考えずにトップの命令を聞く人たちだけを欲しているのです。

パラレル的にも、自分で考えることがなければ、自分でパラレルを創ることができません。自分で考えているように思っても、実はトップの人たちが喜ぶような、命令に素直に従うような考えになってしまうのです。だから、自分で望むパラレルは創れなくなります」

「権力者の望む、権力者にとって都合のいいパラレルを創っていくということですか？では、自己評価が低いというのも？」

「そうですね、人々の自己評価を下げておくと、自分の好きな現実など創ることができないと思ってもらえます。それは権力者たちにとっては、とても都合がいいのです。自分では現実的に何もできないと思っていると、他の人の力をあてにすることになります。誰かに自分の現実を創造してもらうしかない、自分で自分の好きな現実、生活など創れるわけがないと思うと権力者に依存するしかなくなるからです。自分でパラレルを創って、自分で創ったパラレルの中から自分が一番気に入ったパラレルを選択するという思考ではなく、権力者が提示してくれる選択肢の中から、とりあえず自分にとってマシだと思うものを選ぶということになり、ずっと自分の現実を楽しくないと思いながら生きることになります。権力者の都合のいいパラレルを自分で選択し続けるということになるのです」

「なんだか、イヤだなぁ～。学校教育によって考える力がなくなってしまうというのは分かりましたが、では、どうして自己評価まで低くなってしまうのですか？」

「競争ばかりさせるのです。競争させ、比較し、他人が自分を評価することが正当なことだと思わせるのです。事あるごとに点数をつけます。それも人が勝手に評価して点数をつけるのです。テストはまだ一応正解というものがありますが、その正解もそれぞれの立場の人が勝手に正解としているだけで、ひとつだけの正解などあり得ないのですが、とりあえず正解と言われるものによって点数をつけやすくはなります。

しかし、点数をつけようがないことにまで点数をつけるのです。絵や音楽などの芸術的なこと、それは個々の感性の分野ですから、人によって受け取り方は違ってきます。好き嫌い、感性が合う、合わないがあるのです。それなのに点数をつけるのです。とてもナンセンスなことです。

そして、良い作品だのダメな作品だの権力者や指導者が勝手な評価をします。人々は小さな頃から常に評価され、評価の点数に怯えるのです。そうなると自分の感性など関係なく、どうすれば人に良い評価をしてもらえるかだけに集中するようになります。常に自分がどう感じているか、どう考えているかではなく、人の評価ばかりが気になって仕方がなくなります。

すべて何もかも秀でている人などいません。秀でているというより、良い評価ばかりもらえる人はいないのです。こちらの分野において素晴らしい評価を得ている人でも、違う分野においては、こてんぱんに言われたりすることもあります。数学は天才的にできるけど、運動においては全く酷いものだと評価されたらどうなるでしょうか？

傷つきます。そして、自分はダメな人間だと思ったりします。その分野では評価を得ているのだからいいではないですかと思うかもしれませんが、学校教育では、すべての分野にわたって良い評価をされるように努力しなさいと言われます。苦手な分野ばかりもっと勉強しなさいと言われませんでしたか？」

「言われましたねぇ、好きで得意な分野はいいから、苦手な分野を克服するように頑張りなさいと言われて、やりたくもない教科をイヤイヤながら勉強した記憶があります」

「得意なことはできて当たり前なのです、すべてができるようにならないとダメなのです、苦手な分野を頑張りなさいと言われ続けると、苦手な分野が上手くできない自分にばかりフォーカスがいきますので、自分はダメだと思い込むことになります。そして、自己評価が低くなっていくのです。その上、自分をダメだと思わせて欲しい人と、自分をすごい人間だと思い込みたい人がラインを繋げ、そのような上下関係、パワーゲーム、ハラスメントを体験する共有のパラレルを創るのです」

「何か底の深い話ですね」

「でも、ここが理解できなければ、自分の好きなパラレルを体験することができなくなります。自分で〝できるパラレル〟を創ることができなくなってしまうのです。自分で考え、自分の好きなパラレルを創り、その中から自分が一番気持ちいいと思えるものを選ぶことができなくなります。誰かが提示するパラレルしかないと思い込み、そのパラレルと繋がっている人たちと共有のパラレルを創り、その中で遊ぶことになってしまうのです。

最近の出来事を見ているとお分かりになると思います。ピラミッドのトップの人たちが提示するマスクやワクチンもそういう流れで人々が従ったのです。自分でパラレルを創り、自分で選択できるという考えがなく、提示された選択肢しかないと思って従ったのです。

この話はまた後からお話したいと思います。自己評価が低くなると自分で好きなパラレル〝できるパラレル〟を創れなくなってしまうということは、ご理解いただけましたでしょうか？」

「分かりました。でも、そういうときはどうしたらいいのでしょうか？　もうすでにそのパラレルにフォーカスしているわけですよね？　そのパラレルから出ることはできるのでしょうか？」

「パラレルを移行すればいいのです。ずっとそのパラレルの延長線上をいく必要はありません」

□パラレルを移行する

「パラレルを移行するには？　具体的にどうすればいいのですか？」

「パラレルはいつもできています。ひとつのパラレルの中にずっと居なければいけないことはありません。自分でパラレルを創れるのですから、このパラレルはちょっと違うと思えば、自分で別のパラレルを創ってそちらにフォーカスして移行すればいいのです。

例えば、お店に入ったとします。そのときのお店の店員さんが何か感じが悪かった。

なんかイヤだなと思ったとします。そのとき、あなたはいくつものパラレルを創るのです。感じが悪くてイヤだから、何も買わずに店を出ようと思うパラレルと、あなた感じが悪いですねと直接文句を言うパラレル、そして、店長さんを呼んでくださいと店長に文句を言うパラレル、そして、ちょっとだけのことだからと我慢するパラレル、さらには、どうにか気持ちよく買い物ができる方法はないかと考えるパラレル・・・もっとあると思います。あなたは瞬時にいくつものパラレルを創っているのです。そして、瞬時にどのパラレルを選択するかを決めています。でも、選択するときに、何となくその延長線上にあるパラレルを選んでしまう傾向にあります」

「延長線上で選んでしまうとは？」

「それは個性にもよりますし、常に無意識にどういう考えをしているかによって違いますが、それぞれ自分の思考の傾向というのがあるのです。その思考の傾向に合った選択をしがちだということです」

「思考の傾向とは？」

「例えば、争いごとが嫌いで、とにかく表面的な平和でもいいから波風を立てない方がいいと思う人は、自動運転的に平和になるであろうと思われるパラレルを選択します。それが本当にそうなるかどうかは分からないけど、このパラレルを選ぶと次のパラレルはこうなりますという予告編を見てそれを選ぶのです。そのパラレルを選ぶと表面的には平和な体験はできます。何も言わず、感じが悪い店員さんの態度を我慢して買い物を続けるのです。だから、何も起きません。買い物もできますし、イヤな思いもしなくて済むのです、表面上は」

「表面上は、と何度も言っていますが、それはどういうことですか？」

「この話は延長線上のパラレルを選択する話とちょっと逸れてしまいますが、そのパラレルを選択すると次のパラレルにも影響してしまうということになります」


「どういうことでしょうか？」

「例えば、そのお店では表面上の平和を保ったとします。でも、心の中ではイライラします。平和は平和でいいのですが、自分の感情が収まらないということになります。そうなるとお店を出てからも気分はよくありません。気分がよくないと、気分がいいときには何も思わないことにもイラっとすることがあります。それは体験されたことがあると思います」

「そうですね、気分が悪いときって、人に当たりたくなったりしますよね。それは八つ当たりだよって自分でも分かっているのに、何か近くの人にツンケンした態度をとってしまったり・・・」

「そうですね、それもパラレルの移行なのです」

「そんなことがパラレルの移行になるのですか？」

「移行というと何だか別のパラレルに行くような感じになってしまいますので、この場合は次のパラレルを創るという表現にしたいと思います。

お店で表面的な平和を選択した後、次にどういうパラレルを創り、そのパラレルを体験するかということです。ここでも、沢山の選択肢が出てきますが、そこまで今お話すると混乱してしまうと思いますので、お店で創ったパラレルの話に戻りたいと思います。今は我慢して表面的な平和を選択した場合の話です。次に店員さんに向かって文句を言ったパラレルはどうなるでしょうか？」

「店員さんの態度にもよりますね。もし、店員が素直に謝ってくれて態度を変えてくれたとしたら、それはＯＫだと思います。けど、その店員がまだ、もしくはもっと感じ悪くなったら、もっと気分は悪くなりますね」

「そうですね、表面的に我慢したのとは違うけど、お店を出てからもムカつくという気持ちは残ります。そして、誰かに当たってしまうかもしれません。当たられた方は意味が分かりませんので、その人もまた気分が悪くなるという連鎖が起きるかもしれません。

そして、店長さんを呼んで文句を言った場合はどうでしょうか？」


「それもまた同じで、謝ってくれたらまだ気持ちは収まりますが、もし店長さんまでもが感じ悪かったらもっと腹が立ちますね」

「そうですね、もし謝ってくれたとしても、その後店員さんが怒られるのではないか、というちょっとした罪悪感を抱くかもしれないし、あそこまで怒るほどのこともなかったかなと思ったりするかもしれません。店長さんがまた感じ悪かったら、店員さん×店長さんで、イライラはもっと大きくなり、二倍以上のイライラで八つ当たりするかもしれませんね」

「そうですね、でも、結局、どの選択にしてもあまり良いパラレルにはならないですよね。

それって、その感じ悪い店員さんと自分がパラレル同士でラインを繋いでしまって、共有のパラレルで体験したということですかね？」

「そうですね、お互いのパラレルを繋ぎ合ったから共有のパラレルで遊んだのです。

それらは自動運転的な思考で、いつもの延長線上のパラレルということになります。

自分の思考の傾向で創っていたのです」

「じゃあ、別の、延長線上ではないパラレルは、創れるのですか？　創れるならばどうやって創れますか？」

「それが移行するということになります。延長線上のパラレルは自動運転ですので、移行というよりそのままを進む感じですね。でも、全く別のパラレルを創るには意識的に思考する必要があります」

「意識的に思考するということは、無意識を意識するということですか？」

「そうですね。自分はこういう思考をしがちで、その傾向で思考した次のパラレルの予告編を見るとあまり気持ちがいいものではないと思うことができたら、そうならないようなパラレルを創ることができるのです。延長線上にあるパラレルから別の線のパラレルに移行することができるのです」


「どうやってですか？」

「今までの思考でのパラレルは、あまり気持ちがすっきりするものではありません。だから、気持ちがすっきりして楽しくなるようなパラレルを創りますと決めます。そして、それにはどうしたらいいかを考えてください」

「どうしたらいいのでしょうか？」

「色々なやり方がありますが、例えば、ムスッとしている店員さんに笑いかけてみたらどうでしょうか？」

「え？　感じの悪い店員さんにこちらから笑いかけるのですか？」

「そうです、笑いかけると言っても媚びてくださいと言っているのではありませんよ。そうではなく、こんにちはという気持ちで笑いかけてみてください。その方も自分が感じ悪いと思わせていると思っていないかもしれませんし、いつも笑いかけてもお客さんは知らん顔しているから、もう笑顔で接客するのがイヤになってしまっているかもしれません。だから、お客さんが笑顔で接してくれることでその店員さんも気持ちよくなって、笑顔を見せてくれるかもしれません。そうなるとお互い気持ちよくなりますね。そして、気持ちよく買い物ができて、お店を出てからも誰にも八つ当たりしなくて済みます。そのパラレルは先ほどのパラレルと大きく違う方向に続いていきます」

「パラレルの方向が変わるということですか？」

「そうです。自動運転のときの方向と違う方向にパラレルができ、そちらに移行することができるのです。それが移行するということです。これはどちらが好きな方向かというだけのことです。今までの延長線上の方が好き、気持ちがいいな思うならばその方向にパラレルを創ればいいと思います。そして、方向を変えて別のパラレルを創りたいと思えば、そうすればいいのです。ただ、パラレルは意図すれば自由にどのような方向にも移行することができるということをお話したかったのです」

「他にも移行の仕方ってありますか？　もう少し例を教えていただければ日常でも使えるようになれるかも・・・」

「パラレルを移行するにはちょっとコツがいります。そのコツさえつかめれば自動運転を解除することができるようになります。自分でいつでも好きな方向へパラレルを移行することができます。パラレルは木の枝のような感じですから、どの枝を選ぶかによって体験も変わってくるのです。でも、あなたという意識の幹はずっと変わりません」

「意識の幹とは・・・パラレルの画面の外の私の意識ということですか？」

「そうです、どんなにパラレルの枝を創り続けていても、いろんな方向に移行し続けていってもあなたの幹は変わりません。幹は変わらないのですが、方向が違うパラレルができてくると面白いことになります」

「面白いとは？」

「まるで違うあなたが存在するかのようになっていくのです」

「どういうことでしょうか？」

「例えば、パートナーとケンカをしたとします。そのときに延長線上のパラレルを創り、そのパラレルをずっと続けていくとしたらどうなりますか？」

「延長線上のパラレルということは、ケンカを続けるというパラレルですか？」

「はい、ケンカをすることがその二人の自動運転になっている可能性があります。何か意見が違うときはケンカをするという日常です。いつもケンカはしたくないと思っているのに、何故かケンカばかりになってしまうと思いながらもケンカの日々が続くのです」

「では、パラレルの方向を変えるにはどうしたらいいのですか？」

「まず、ケンカになる理由を考えてください」

「ケンカになる理由ですか。色々あると思いますし、その時々でその理由も違ってきますから、ここでは何とも言えないです」

「ケンカの理由とは、表面上のことではありません。どうしてケンカという状況になるかということを考えてください」

「えっと、どういうことでしょうか？　例えば、脱いだ靴下を洗濯カゴに入れずに、その辺に放っておくとか・・・お金の使い方が違うとか・・・子どもの教育方針が違うとか・・・」

「それは表面上の理由です。まず、どうしてケンカになるかという根本的なことを考えてください」

「すみません、アシュタールが言っていることがよく分からないのですが」

「ケンカというのは自分の方が正しいと主張し合っている状態なのです。自分の意見を相手に認めさせ、自分の意見に従わせようとしているのです」

「あ〜、そういうことですか、そうですね、そう考えるとケンカの根本が分かりますね」

「自分が正しい、自分の意見に従うべきだ・・・ということからケンカが始まります。それが分かればケンカをしないパラレルを選ぶことができます」

「でも、どちらも自分が正しいと思っているのですから、それはどう考えればいいのですか？自分が折れるということでパラレルを移行するとか？」

「それでは表面的な平和になります。自分が意見を引っ込め、相手の意見に従うことで、そのときは平和になったように思うかもしれませんが、自分の心の中には不満が溜まっていきます。そして、二人の関係もおかしくなっていきます」

「二人の関係もおかしくなるとは？」

「二人の間で、今度はどちらが我慢するかというパワーゲームが始まります。それもまたケンカになっていきます。

そして、パワーゲームに勝った方がいつも従わせるというバランスの崩れた関係になります。力や言葉の使い方が強い方が相手を従わせるという関係になります。従わせる方はそれでいいと思いますし、従わざるを得ない方は常に不満が残り、相手に対してイヤな気持ちが募ります。それでは良い関係とは言えないですね。そして、それがまた自動運転的になってしまったら、ずっと従わせる人と従う人のパラレルが続きます。それはケンカをしているパラレルと同じ方向のパラレルになります。どちらもあまり楽しくないパラレルが続くのです」

「ならば、別の方向に移行するにはどう考えたらいいのでしょうか？」

「ケンカにならないようにするためには、どうしたらいいかを考えてください」

「話し合いをする？」

「そうです、でも、自分の意見が正しいという考えを持っていたら話し合いの途中でも、またケンカになってしまいます。だから、二人で話してください。あなたの意見を尊重しますとお互い話し合うのです。

そして、それからお互いの意見をすり合わせていくのです」

「すり合わせていくのですか？」

「はい、お互い違う意見なのですから、お互いが自分は正しいと主張すればケンカになります。でもお互い違う意見であるということを認識して話をすると、お互いの意見の合致点が見えてきます。ここは違うけど、ここは同じですね・・・というところが分かってきます。ならばどうしたらお互いが納得できる方法が見つかりますか？　という話し合いになります」

「例えば、具体的にどんなことですか？」

「そうですね、例えば、簡単にお話すると、ラーメンが食べたい人とカレーが食べたい人がいて、どちらにするかでケンカになったとします。これは本当に簡単な例ですが、分かりやすいと思いますのでこの例でお話しますね」

「まあ、そういうケンカもないことはないですので・・・」

「自分はラーメンがどうしても食べたい、相手はカレーがどうしても食べたいということです。自分の食べたい物はどうしても食べたいと思ってケンカをしています。では、お互い納得できるにはどうすればいいと思いますか？」

「じゃあ、別々に自分が食べたい物を食べればいいのでは？」

「でも、違うものを作るのは大変です。どちらが作るかでまたケンカになりませんか？」

「それじゃあ、お互い好きなものを自分で作る・・・というのは？」

「そうですね、それもお互いが承知したならば解決策になりますね。でも、どちらか料理ができないとなると？」

「じゃあ、別々のレストランに食べに行く？」

「でも、二人で一緒にご飯を食べたいと思ったら？　別々に食べるのはイヤだと一人が言ったら？」

「んじゃ、ラーメンもカレーもあるレストランに行く？」

「そうですね、それも解決法のひとつですね。他には解決方法はありませんか？」

「他に・・・ですか？　それ以外は思いつかないかな・・・」

「もっと面白いことはできませんか？」

「面白いこと？　どんな？」

「お互い食べたい物を一緒にしてみるとか・・・」

「一緒にする？　どういうことですか？」

「ラーメンとカレーを合体させるのです。カレーラーメンを作るということもできますね」

「あ～、そういうことですか・・・カレーラーメンねぇ～。そういう発想はなかったですね」

「お互いの意見を合わせるということもできます。お互いの意見の違いを利用して、新しい物ができるということもあります。

例えば、カレーラーメンもいいけど、その上に目玉焼きを載せてみましょうか？　ハンバーグを載せてみても美味しくなる？　と、どんどん面白いアイディアが湧いてきます。ラーメンだけ食べるパラレルもありますが、こうして最初は考えもしなかったハンバーグ載せカレーラーメンを食べるパラレルも創ることができます。

これがお互いのパラレルを繋ぎ合わせて創った共有のパラレルなのです。これが共振する楽しさなのです。こうして、意見をすり合わせていくと、思いもしなかったアイディアが出てきます。この方法を使うことができれば、ケンカをするよりも楽しくなるのではないでしょうか？」

「そりゃ、その方が楽しいですね、考えただけでもワクワクします」

「こうしてパラレルの移行をすることができるのです。全く違う方向のパラレルを創ってそちらを選択すれば別の面白い経験ができます」

「意図すればパラレルはいくらでも創れるという意味が分かりました」

「柔らかく考えてください。そして、どんどん次をイメージしていってください。予告編をしっかり見てください」

「いつもアシュタールは、次を見てくださいと言いますが、それはどういうことですか?」

「次をイメージするのです。このパラレルを選んだら次はどうなるでしょうか? と考えてください」


「例えば?」

「例えば、ケンカをするとします。ケンカになるときは感情的になっているときです。感情にまかせて言葉を出したくなります。本気で思ってもいないことを口に出したくなります。相手をとことんやりこめ、自分の方が強いと思わせようとしたりします。そういうことはありませんか?」

「あります、後からしまったと思うこともあります」

「それも自動運転になります。プライドが傷つくのが怖いので、先に相手が一番嫌がる言葉を投げかけて自分を守ろうとします。そのときにちょっと次を考えることができればパラレルも移行できるのです」

「でも、とても感情的になっていますので、それは難しくないですか？　冷静になれないからケンカになるのですから・・・」

「自動運転から切り替えるために、まず冷静になることに集中してください。そのために、常に自分がその人とどうしたいのかを意識しておいてください」

「その人とどうしたいのか？　を意識するってどういうことですか？」

「まず、感情的に自分が優位に立ちたいと思い、その人が傷つく言葉を出したとして・・・そのパラレルを選んだ次はどうなるか？　と考えるのです。どうなると思いますか？」

「傷つく言葉を言われた方は、傷つきますね、その人に対して腹が立ちます。そして、自分もその人を傷つける言葉を探し、投げつけます」

「その応酬によって、二人はどうなるでしょうか？」

「きっと別れるくらいの勢いになっていくでしょうね」

「そのパラレルを選んだあとの、次のその次のパラレルを予想してくださいというのは、そういうことです。次のパラレルの予告編はすぐに見ることができますが、次の次、その次のパラレルの予告編はよく考えないと見られないのです。しっかりと意識していないと見ることができないのです。自分がその人と別れてもいいと常々思っているのならばいいと思います。別れるパラレルを自分で意識して選択したのですから。でも、そう思っていないのに、そういうパラレルを選択してしまうのはどうですか？」

「それは悲しいです。そんなパラレルはイヤです」

「ならば、選択しないようにするしかないのです。そのために、いつもその人と自分はどうしたいのかと考えていてください。自分はその人とずっと一緒にいたい、その人のことが好きですと意識して考えていると、それが自動運転になります。その人が大切で、大好きで、ずっと一緒にいたいということが自動運転になっていると、たとえケンカをしてもその人が傷つく言葉を出したりしなくなります。だって、ずっと一緒にいたい大好きな人と別れるようなパラレルを創りませんし、もし創ってしまったとしても選択はしません。まず、すり合わせの話し合いができますのでケンカにも至らないでしょうし、反対に面白い共有のパラレルを創ることができるのです」

「それって全く違うパラレルですね」

「あなたの意識は木の幹ですと少し前にお話しました。覚えていらっしゃいますか？」

「はい、パラレルは枝、枝は沢山できても幹はひとつということですね？」

「あなたの意識が幹、外で見ているあなたです。そして、あなたの意識が沢山のパラレルを創り出します。それが枝であり、方向性で、その枝からまた別の枝が伸びていくのです。枝はあちこちに伸びていきます。イメージしていただけましたか？」

「はい、何となくですが、パラレルのイメージはできました」


「枝はそれぞれ違う方向に伸びています。どの枝、どの方向で考えるかであなたの現実、ホログラムの体験は変わります。ケンカをして言ってはいけない言葉を投げかけてしまって、お別れしてしまうというパラレルと、ケンカをすることなく話し合ってずっと一緒にいるパラレルとでは、まるで違う現実を体験することになります。どちらが良い悪いではなく、どの体験をしたいかということです。別れてしまう体験と別れることなく仲良く一緒にいる体験のどちらの体験をあなたがしたいかということです。それだけなのです。あなたがしたいと思う体験をするために、あなたが常に考えていることが大切になってくるのです。そして、その別の方向のパラレルはできていても、あなたはそれを今の自分のこととして体験することはできないのです。でも、幹のあなたには、あなたに関する全部のパラレルが見えています。そして、絶対無限の存在には、宇宙のすべてのパラレルがあるということです」

「そこがよく分からないのですが、私の意識には私が創ったすべてのパラレルが見えているということですが、じゃあ、幹の意識（外側から見ている私の意識）に合わせることができれば、別の枝のパラレルも体験することができるのですか？」

「幹の意識に合わせることができるならば可能ですが、今のパラレルに集中しているあなたにはまだ無理なのです。もし、できたとして、違う方向のパラレルに移行したとしても、あなたは混乱するだけです。その間の過程がまるで分かりませんので、何をどうしていいか分からなくて混乱するだけです。

例えば、ケンカをして別れたはずのパートナーと突然仲良く暮らしているパラレルに入ってしまったら、何がどうなったか分からず対応することができません。そして、そのパラレルと元のパラレルでのあなたの思考が全く違いますので、仲の良いパラレルで、また同じようにケンカをしてしまい、そこのパラレルでも別れるという選択をしてしまうかもしれません」

「そうなると、違うパラレルに移行しても、また元のパラレルに戻ってしまうということですか？」

「元のパラレルに戻ることはできません。

前にも言いましたが、元のパラレルに戻ったとしても、それは純粋な元のパラレルではないのです。時間という概念の中では枝は伸び続けるだけです。元の枝には戻れないのです」

「枝が曲がって元の枝にくっつくとかは？」

「それはできません。枝がくっつく、時間が元に戻るということはないのです。もし、時間が元に戻ってその場面にいったとしても、それは別の時間軸になります。同じ時間の中にいるのではありません。似たような別の時間になりますので、その時間からの流れをそのまま続けることはできないのです」

「違う枝になってしまうということですか？」

「そうです。新しい枝が曲がっていって元の枝にくっついたとしても、そこからまた別の枝になっていくのです。そのままくっついて前の枝と同化することはありません」

「では、選択は一回限りということですか？」

「はい、一回だけです。後から考え直すということもできますが、それは元の枝ではなく、別の似たような枝を創るということです。全く同じ枝に戻ることはありません」

「じゃあ、元に戻りたいと思うならばどうしたら？」

「新しく創り直せばいいのです」

「新しく創り直すっていっても・・・」

「例えば、パートナーと別れるという枝になったとします。でも、後からその選択を後悔して、またそのパートナーとやり直したいと思ったとします」

「はい、よくあることです。後からしまったと思うことはよくあります」

「そういうときは新しく枝を伸ばしていくのです。そのパートナーと復縁するという枝です。もちろん、そのパートナーと共有のパラレルを創ることができればの話ですが・・・」

「では、パートナーに復縁したいと話をしてみるということですね？」

「そうです、そして、話し合って、もし、どちらもＯＫしたならば、元に戻るという気持ちはなくしてください。元に戻るという気持ちでいると、前の枝をなぞろうとしてしまいます」

「前の枝をなぞる？」

「前はこうだった、という気持ちになります。前はこうしていたのだから、前のようにやりましょうと思って、前の二人の関係、やり方に固執してしまうと、今から新しい枝を創れなくなります。もう前の枝のことはきれいさっぱり忘れて、新しく枝を伸ばしていくという考えにしてください。前のパートナーではなく、新しいパートナーとして考えることができれば、前とは違うパラレルになります、が・・・」

「が？」

「ここでも前と同じような自動運転をしてしまうと同じようなパラレルを創り出し、選択することになってしまいます。また言ってはいけないことを言ってしまい、またお別れするというパラレルを創ってしまうことにもなりかねません」

「そりゃそうですよね、同じことを何度も繰り返すというのは、結局自動運転が変わっていないからということですよね。同じような考えだと同じようなパラレルを創り続ける・・・」

「はい、パラレルはあなたの考えで創っていますので、あなたが意識している、していないにかかわらず、あなたの考えで変わってくるということです」

「はぁ～、考え方が変わらないとパラレルは移行できないということですね」

「それがパラレルの基本です」

「さっきちょっとアシュタールが言っていたことが気になっているのですが・・・」

「何でしょうか？」

「外側の私の意識と合わせることができれば、すべての私が創ったパラレルを見ることができるということでしたが、先ほどの別のパラレルを体験するのは無理で、そのパラレルを体験すると混乱してしまうから、というお話をもう少し具体的に教えていただけますか？」

「枝をイメージしてください。方向の違う枝が沢山あります。同じ枝から出てきた枝でも違う枝であり、全く違う方向に向かって伸びていきます」

「伸びていくってよくアシュタールは言いますが、伸びていくというのは時間のことを指しているのですか？」

「時間という概念の中にいると時間は続いていきます。パラパラ漫画が動いているように見えるのと同じです。宇宙ではパラパラ漫画は一枚、一枚存在しているのです。

でも、時間という概念の中に入るとそれが続いているのです。時間はパラパラ漫画をパラパラするという感じでしょうか？」

「何か余計に分からなくなってきましたが、とにかく枝は伸び続けるだけということですね？」

「そうです、伸び続け、増え続けていくのです。

例えば、同じ場面から始まった枝をイメージしてください。その枝から別の枝が生まれます。元の枝は自動運転でそのまま伸びていきます。それは、前にお話したように自分のプライドを守るために相手を傷つけるという枝だとします。そして、お別れするという枝になります。お別れしたときにもまた別の枝が生まれます。ここは分かりやすいようにひとつの枝だけを追っていきますね。本来はもっと色々な枝が生まれるのですが、それを全部追っていくと訳が分からなくなってしまいますので。ここまでは大丈夫でしょうか？」

「はい、そりゃそうですね。お別れしたのですから、別の枝、パラレルになります」

「お別れした後に後悔して、ずっとその人のことが忘れられなくても、一人で暮らすパラレルはできます。でも、やっぱりパートナーが欲しいと思い、別のパートナーと一緒に暮らすパラレルもできるのです。ここで枝は大きく違う方向へ伸びていきます。良い悪いではなく、どのようなパラレルを選択するかということです。新しいパートナーと暮らすことを選択したら、後はどのような流れになっていくでしょうか？

ここにも沢山のパラレルができますが、まず、前のようにお別れするのはイヤだからと思い、ケンカをしないように、ケンカをしても感情的に言葉を出すことはやめようと思うパラレルと、また同じように自動運転をしてしまうパラレルができます。自動運転の方はまた以前と同じ方向へ伸びていきます。前のようなことはやめようと思ってできたパラレルでは、仲良く暮らすことができます。そして、子どもが生まれるかもしれません。新しいパートナーと子どもと暮らすパラレル、現実ができるのです。

このパラレルは前に枝分かれしたパラレルと全く違うものになります。外側のあなたの意識はどちらも見ることができます。そして、どちらにも共振する、体験することができます。

外側のあなたの意識には時間の概念がありませんから。そして、パートナーと子どもと暮らすパラレルに共振して、そちらを体験することもできるのです。

でも、そのパラレルに共振すると、外側の意識のことは忘れ、そのパラレルだけが自分の現実だと思います。別の一人で暮らすパラレルも同じです。それだけが自分の現実だと思ってしまうのです。そして、パラレルに入り込んでしまったあなたには、他のパラレルを見ることはできません。ましてや、そこに共振することもできないのです。

だから、これはできませんが、もし万が一、お別れしたパラレルと共振しているあなたが、突然パートナーと子どもと暮らすパラレルに移行したら混乱するということです。それは全く違う世界だからです。自分で創った世界ですが、全く違う世界、まるで関係のない世界になっているのです。それは自分の世界ではないと思うでしょう」

「そうですね、びっくりしますよね。一体何がどうしてこうなった？　って、なにがなんだか訳が分からないで混乱します」

「パラレルはあなたの思考によって創り続けられます。あなたが思考し、選択し続ける限り枝はでき、その枝は伸び続けるのです。でも、沢山のパラレルを創ったとしても、その中で選択できるのはひとつだけです。複数のパラレルを同時に選択することはできません」

「選択は一回限り、体験できるパラレルもひとつだけ・・・」

「そうです」

「そうなると毎回真剣に選ばないといけないですね」

「そのために、次を考えてくださいとお伝えしているのです。この選択をしたら次のパラレルがどうなるかを、そして、その次のパラレルも考える余裕を持ってください」

「余裕を持つって？　どういうことですか？」

「目の前のことだけを見ないでください。目の前の現実だけを見て判断しないでくださいということです。選択するときは、冷静に色々な可能性を予測してください。それには気持ちの余裕がないとできません。

例えば、パートナーとのケンカのことですが、感情的になって目の前の現実だけを考えずに、ちょっと深呼吸をして冷静になることにフォーカスします。そうすると、今、口から出そうとしている言葉によって、次のパラレルがどうなるかを予測することができます。先ほどからご説明しているのでもうお分かりですね？」

「はい、ちょっとした考え、選択で全く違うパラレルができてしまうということですね」

「まるで方向の違うパラレルができますが、それはあなたには関係のないパラレル、世界になります。一人で暮らすパラレルを選択したら、子どもと暮らすパラレルは、あなたには全く関係のない世界なのです。そんな世界、パラレルがあることさえも知りません。そして、あなたのその世界に共振する人たちとも全く関係ないのです。知らない人たちなのです。全く交わらない世界、パラレルが存在するのです」

「外側の私の意識は面白いでしょうね。自分で創り出した沢山の世界が見られて・・・」

「あなたが今のパラレルを出たら、どのような感じか分かりますか?」

「今のパラレルを出たら・・・ということは死んだらということですか?」

「そうとも言えますね。死ぬということは今のパラレルからフォーカスを外すということですので、画面の外から見ているあなたの意識に戻ります。元の意識に戻れば今まで創ってきたパラレルをすべて見ることができます」

「今の私が全く知らないパラレルも見ることができるのですか?」

「はい、今のあなたが知らない、想像もできない、全く関係のない世界(パラレル)も見ることができます」

「面白そうですね・・・早く見たいです」

「それまで、面白そうなパラレルを沢山創ってくださいね」

「はい、でも、そうなると他の人のパラレルとの関係はどうなるのですか?」

「共有のパラレルのことですか?」

「はい」

□共有のパラレル

「あなたとパラレルのラインを繋げた人（たち）には、共有のパラレルができます。それはそのときのあなたの思考の方向に合った人たちです。そのパラレルも枝分かれしたり、あなたの思考の方向が変われば、あなたはその共有のパラレルから別の共有のパラレルに移行することもあります。今まで仲良かった人たちと何となく話が合わなくなり疎遠になっていくということがあります。それはあなたの考え方が変わったので、その人たちとの共有のパラレルから移行したからです。そして、また別の、そのときのあなたの考え方の方向性が同じ人たちとの共有のパラレルを創るのです。それもあなたが決めているのです。前の共有のパラレルに引っ張られ、強制的にずっとそこに共振させられるということはありません」

「私に外側の意識があるということは、他の人も同じように外側の意識があるということですか？」

「そうです、個性があるところには、その個性が創り出す世界、パラレルがあります。みんな外側で画面を見ているのです」
「それって別々のものですよね？　でも、共有のパラレルもある・・・それってどう考えればいいのでしょうか？」

「これはエネルギーの話になってきます。前著でもお話ししましたが、物質の身体の周りにはエネルギーの層があります。エネルギー体とか、エーテル体とか、オーラとも呼ばれています。微妙に感覚は違いますが、大体同じものを指しています。そのエネルギー体の外側にも、もう一層のエネルギー体があります。物質の身体の周りには何層ものエネルギー体があるのです。そのエネルギー体は、三層目くらいから近くの人のエネルギー体と融合します。その融合したエネルギーには、また何層かのエネルギーがあるのです。そして、その融合したエネルギーと違う融合したエネルギーがまた融合していくのです。あなたの身体の周りにあるエネルギーの層が大きくなる（広がっていく、重なっていく）につれて、他の人のエネルギー体の層と融合していき、その融合したエネルギーがまた融合していくのです。ですから、あなたの三層目か四層目あたりから、あなた単体のエネルギー体ではなくなります。あなただけのエネルギーではなくなるのです」

「そうなると私という個性のエネルギーはどうなるのですか？」

「あなたの個性のエネルギーはなくなりません。変化するだけです。でも、その変化の過程であなたの記憶も融合していきます」

「記憶が融合していく？」

「あなたの体験の記憶が、他の人の体験の記憶となるのです。他の人の体験の記憶が、あなたの体験の記憶になるのです」

「それはお互いの記憶を共有するということですか？」

「そうです、共有するというか、あなたの記憶そのものになるのです。そして、そうやって融合を繰り返し、最終的には絶対無限の存在に融合していくのです。融合するというより、絶対無限の存在として存在することになります。ですので、絶対無限の存在は自分が創り出した個性のすべての記憶を持っているのです。

そして、これはなかなか表現が難しいのですが、絶対無限の存在と融合したあなたも絶対無限が持っている記憶を持つのです。だから、あなたは私、私はあなたということになります。

これは余談になりますが、ですから、あなたたちの社会で言われている、勝ち逃げや、やり得という考えは違うのです」

「勝ち逃げ？　やり得？　それって、この世で悪いことをしても、死後何も罰を受けることはない、やったもの勝ちということですか？」

「そうです、どんなに酷いことをしても、死後も生きている間も、何も罰を受けることがないなら、やったもの勝ちという考え方です」

「それって、それこそずるいですよね。酷いことをしてもいいっていうことになりますよね。倫理的に考えるとおかしなことで、許せないって思います」

「でも、そうではないのです」

「どこかで罰を受けるのですか？」

「個性に罰を与えるなんてことができる存在はいません。すべての個性は自分の好きなことをしていいのです。何をしても自由なのです」

「じゃあ、やっぱりやったもの勝ちではないですか？」

「絶対無限の存在は、すべての記憶を共有しますとお伝えしました。それは、酷いことをした記憶も、それによって悲しい思いをした記憶も同時に体験するのです。絶対無限の存在には時間はありませんので、追体験ということではなく、本当に実際に体験しているときの感情や思考をそのまま体験するのです。イメージできますか？

例えば、いじめている人がいます。今のパラレルでは、いじめている人だけの体験をします。これは暴力的なパートナーのときもお話ししましたが、いじめている人といじめられている人は、お互い同意の上で共有のパラレルを創っているのです。ここを押さえておいてくださいね。

そして、いじめられている人もいじめられているという体験しかできません。お互い違う体験をしています。でも、絶対無限の存在の中では、別々の個性は存在しません。すべては、あなたは私、私はあなた、なのです。同時に違う体験をすることができるのです」

「同時にどうやって同じ体験をすることができるのですか？」

「物質世界ではありませんので、同時に同じ感覚を味わうことができるのです。ですから、いじめている人も同時にいじめられている人の感覚を味わうのです。酷い気分を味わうのです。でも、そこにあなたたちの社会の倫理観や罪悪感や後悔などはありません。ただ体験するだけです。それが悪いことだとか、悲しいことだとか、そういう判断はないのです。ただ、体験するだけです」

「ただ体験するだけ・・・」

「映画を観ている状態です。映画では同時に二つの思いを感じることができますね。でも、それは今のあなたのイメージです。いじめている人はこういう理由があって、こういう気持ちでいじめているのだな、という推測のもとイメージします。そこに今のあなたの考えも入ってきますので、純粋にはいじめている人の考えや感情を感じることはできませんが。

そして、いじめられている人にも同じような予測をします。色々な疑似体験ができるので、だから映画は面白いのです。絶対無限の存在では、それがリアルになるのです。リアルに同時に二人の考え、感情を感じることができます。感じるというより、あなたそのものになるのです」

「それはちょっとイヤですね。だって、リアルにいじめられるのを感じたくはありません」

「ならば、そのような共有の意識のパラレルを体験しなければいいのです」

「どういうことですか？　だって、絶対無限の存在では、すべての体験を共有するのですよね？

ならば、今の私がいじめられるという体験をしなくても、絶対無限の存在に戻れば、イヤでもそれを体験しなければいけなくなるのでは？」

「それはそうですが、そうでもないのです」

「どういうことですか？」

「これはなかなか理解しにくいことだと思いますが、したくない体験はしなくてもいいのです」

「それは選べるということですか？」

「はい」

「でも、絶対無限の存在に戻れば、個性はなくなりますよね？　ならば、誰が選ぶということになるのですか？」

「そこです、そこがとても理解しにくいところだと思います。絶対無限の存在は意識です。自分が居るという意識だけです。でも、単色ではないのです。単体ではないのです」

「単色ではない？　でも、自分が居るという意識だけなのですよね？」

「自分が居るという意識だけなのですが、それでは何も経験できない。経験できないと変化することができない、循環することができない。そうなると自分がどういう存在なのか知ることもできないということになります」

「だから？」

「だから、沢山の自分を創り出したのです。ここまでは大丈夫ですか？」

「はい、何度も聞いてる話なので・・・」

「絶対無限の存在は、最初は単体の意識でした。でも、小さな自分を創り、その自分に体験してもらう。もちろん、それはすべて夢のようなもので、あなたが考えているような物質世界の現実のようなものではありません。

物質世界の現実も夢だということもお話したのでお分かりだと思います。すべては絶対無限の存在の夢なのです。

話を戻しますね。絶対無限の存在は自分を沢山創り出したことにより、単体ではなく複合体になっていったのです。ひとつの音ではなく、ハーモニーを奏でるようになっていったと言えば理解しやすいですか？

「一音ではなく沢山の音が織りなす、ハーモニーだという感じで理解していいですか？」

「はい、そのような感じです。ハーモニーというのは色々な音があります、低い音から高い音まであります。

そして、楽器も違ってきます。弦楽器、打楽器、管楽器などがあります。打楽器の中にもいろんな種類があります。そして、楽器が織りなす音がハーモニーになるのです。その楽器にはハーモニーが必要です。それが個性だとイメージしてください。どのような楽器をどのように演奏するかが個性になります。絶対無限の存在の中、ハーモニーにもそのように個性があるのです。その個性は、あなたが今考えているような個性ではありません。その個性には、今のあなたのような思考はありません。あなたや私のように考えるということはしません。でも、それぞれに傾向があるのです。

ハーモニーを奏でる上において、低い音を出す個性と高い音を出す個性があるのです。それは個性ですが、その個性は高い音を出しましょうと思って出しているわけではありません。そのままの音を出しているだけです」

「個性というものの考え方が随分違いますね」

「そこが難しいところだと思います。すべての存在は波動エネルギーなのです。波動エネルギーは音と表現してもよいですし、光と表現しても、色と表現してもよいと思います。音は音で波長がありますが、考えはしません」

「あ、そう言われると何となく分かる気がします。その音が集まっているのが絶対無限の存在だということですね」

「そうです。そのような感じです。音でご説明するのが分かりやすいと思いますので、音を例としますね。ハーモニーも近い音が集まります。集まるというより共鳴し合います。共鳴しながらまた違う音となっていくのです。だから、沢山の音が存在しても気持ちのいいハーモニーとなるのです」

「それはどういうことでしょうか？」

「同じ絶対無限の存在ですが、波長が違うと共鳴も変わってきます。違う波長同士だと共鳴もしにくくなってくるのです」

「ということは、ある意味グループ分けができるということですか？　絶対無限の存在の中にグループがある？」

「グループはありません。そのような区別はありません。ただ、グラデーションのような感じにはなります。ですから、遠い波長同士は共鳴が薄いということです」


「今の話と、絶対無限の存在に戻っていじめられる体験をしたくないという話と、どう関係するのでしょうか？」

「絶対無限の存在の中で、似たような音を出す個性が共鳴し合うので、あまり似た音を出さない個性は共鳴し合わないということです」

「ということは、絶対無限の存在に戻っても、思考が違えば、いじめられる体験をすることがないということですね」

「はい、でも、その思考は今のあなたの思考、考えとは違うのです。音の傾向と言ってもいいと思います。今のあなたたちは、色々思考を操作されています。

学校の話でもお伝えしましたが、素直な音にはなっていないのです」

「すみません、意味が分からないのですが・・・絶対無限の存在の音に戻ったときと、今の私とは違うという意味として受け取っていいですか?」

「そうですね、これもまた複雑な話になってしまいますが、あなたの社会では善悪、正義不正義という概念があります。あなたたちを支配している権力者たちが作りだした概念、判断基準です。その概念が、あなたたちの考えや行動の基準になります。ですから、音としての純粋な個性の傾向と違う個性を創り出すこともあるのです」

「音としての個性と、今の自分が持っている個性とは違う？　どういうことでしょうか?」

「誤解を恐れずに言いますと、破壊的な音の個性を持った存在も絶対無限の存在の個性にはいるのです。

破壊が悪いことではありません。それも素晴らしい音、個性であり、その音があるから面白いハーモニーも奏でることができるのです。絶対無限の存在にとってはとても貴重な音なのです。

でも、今のあなたの社会では悪とされます。だから、音の個性として破壊的な傾向を持っていても、あなたの社会で培われた思考で、その個性を押し込めようとすることがあります。

例えば、誰かをいじめたいと思っていても、それは倫理的にしてはいけないことなので、しないように我慢するということも起きてきます」

「ちょっと待ってください。いじめることはいけないことですよね？　それは倫理に反したことですよね？　それも絶対無限の存在ではいいことだとされるのですか？」

「いいことではありません。でも悪いことでもないのです。

何度も言いますが、絶対無限の存在にとって良い体験も悪い体験もないのです。善悪はありません。正義も不正義もないのです。ただ体験するだけです。

絶対無限の存在は、あなたのような個性は持っていません。だから、その体験によって何かを考え、修正することもないのです。ただ体験することが目的なのです。だから、いじめることはいけないことですとも思いません。いじめる、いじめられるという体験をしているだけです。

それを善悪、正義で判断するのは、あなたの社会の中の小さく狭い思考でしかないのです」

「何か納得できないです。じゃあ、破壊的な音を出す個性は破壊をしてもいいのですか？　破壊が好きだからという理由だけで破壊活動をしてもいいと？　いじめてもいいと？」

「前にお話したことを思い出してください。

いじめる人といじめられる人は、お互い共有のパラレルで遊ぶことをＯＫしているのです。

それは、同じ傾向の音だということになります。

今のあなたの倫理観や正義感を持って考えると決して許されない、あり得ない考えだと思うでしょうが、波動エネルギーという観点から考えるとそうなのです。お互い引き合っているのです。一方的なものではないのです。磁石のS極とN極はまるで違いますがくっつきます。まるで反対の行動をする人同士が共鳴することもあるのです。それは根本的な音が似ているからです。絶対無限の存在の中での音が似ているのです。同じような傾向の音なので、共有のパラレルを創るのです」

「でも、そんなに素直な音ばかりになってしまうと社会は大変なことになりますよ。破壊の個性の人が、それが素直な個性だからといって破壊しまくったら、社会はボロボロになってしまいますよ。それもそれでいいのですか?」

「ですから、そこに共鳴が生まれるのです。あなたの社会は、破壊の個性の人ばかりですか?」

「いや、そんなことはないと思います」

「あなたの社会でも違うグループがあると思います。音の個性が違う人は、素直な音でいると共鳴しにくいのです。

例えば、穏やかな環境が好きな人は、穏やかな環境に行きますね。都会の喧騒を離れ、静かに暮らしたいと思う人は、そういうところで暮らします。反対に賑やかな場所がいいと思う人は、賑やかな環境で暮らします。穏やかな環境が好きな人と、賑やかな環境が好きな人は、一緒にいることはないですね？　自然に離れます」

「そうですね、そう思います」

「賑やかな環境が好きな人は、賑やかな環境が好きな人と仲良くなります。同じパラレルを共有します。穏やかな環境の人も同じです。でも、素直な音ではなくなると、この共有のパラレルが複雑になってくるのです」

「素直ではないということは、学校教育などで歪められてしまうということですか？」

「前に話しましたように、自己評価が低くなるような教育がされています。学校教育に関しては、まだお伝えしたいことがありますが、学校教育だけではなく、常識や道徳観、倫理観、宗教観、流行などでも、あなたの社会では、自分の素直な音が出せないようにされてしまっているのです。

例えば、本来ならば穏やかな暮らしがしたいと思う個性なのに、テレビや雑誌などの媒体によって、賑やかな生活の方がステキですと刷り込まれてしまうと、自分の音と違う音を知らず知らずのうちに選択するようになります。穏やかな環境が好きなのに、何故か賑やかな都会に憧れ、そこに住むことによって辛い思いをすることもあるのです」

「それはあるかもしれないですね」

「そうやって自分の音の傾向と違う方向へと向かってしまうのです。だから、あなたの社会は混乱するのです。混沌とした状態になってしまうのです」

「自分の音と違う方向へ向かうことと、社会が混乱するということは、どういう関係があるのですか？」

「破壊が好きな音の人が素直に音を出していると、破壊が好きな人と共鳴が始まります。そうなるとどうでしょうか？」

「破壊が好きな人がS極とすると、破壊されたい人がN極となって、お互い共有のパラレルを創るということですか？　でも、破壊が好きな人と破壊が好きな人とは、S極同士だから、反発し合うからパラレルは共有しない？」

「反発し合うというのは似ているからです。反発という状況も共鳴し合っているから起きるのです。ということは、破壊が好きな人は共鳴し合い、共有のパラレルを創ります。でも、破壊的な傾向にない人は、破壊的な傾向にない人と共鳴し、共有のパラレルを創ります。その二つの世界は共振しないのです。だから、違うパラレルで遊ぶことになります。共鳴しない二つのパラレルができるということです。その二つはきれいに分かれます。油と水が離れるような感じです。どちらが良い悪いではなく、混ざり合わないということです。

あなたたちの社会は先ほどお伝えしたように、素直な音が出せないので、水と油が混ざり合ってしまった状態で混沌とした世界になっているのです」

「素直な音を出していると、破壊の世界と平和な世界ができるということですか？　その二つはまるで違う世界として存在すると？」

「そういうことです。その二つしかないというわけではありませんが、方向性は大きく分けて二つです。どちらにしても、好きな方向性の世界を自分で選択するのです。破壊が好きなら破壊を楽しむ共有のパラレルを選びます」

「ということは、もともとの音の傾向は変えることができない。もともとの音が破壊的な人は破壊的なパラレルしか選べないということですか？　それって生まれる前から人生決まっているようなものですよね？」

「もともとの音の傾向は変わりません。でも音も使いようによっては、違うパラレルも創ることができるのです」

「どういうことですか？」

「破壊は、創造にもなります。破壊の音は影響力も大きいのです。パワーが強いのです。ですから、創造する方向へそのパワーを使うと大きな力を発揮します。

包丁をどう使うかで何ができるかが変わってくるのと同じです。料理をするとき、材料を切るために包丁を使います。切るというのも、ある意味破壊です。でも、料理をするために使うときは、その後に創造に変わります。美味しい料理ができるのです。反対に包丁で人を傷つけることもできます。それは破壊だけの使い方です。どう使うかは、包丁を持っている人によるのです。

だから、破壊の音の人がすべて破壊のパラレルを創り、それを選ぶわけではありません。創造の方向で使うと、穏やかで平和が好きな音の人とパラレルを共有することもできるのです。すべては、その人次第、その人の考え方、選択によるのです」

「どのようなパラレルを創り、選ぶかは、その人次第ということですか・・・」

「そうです、どのような傾向の音の個性であっても、今体験しているパラレルは自分で自由に創り、選ぶことができるのです」

「話を戻してしまうようですが、では、絶対無限の存在の中、中という表現も変なのでしょうけど、中でも分かれているから、いじめられる体験をしなくてもいいということですか？」

「絶対無限の存在はあなたなのです。そこに今のあなたの考える個性はありませんが、音の個性はあります。ですから、音の個性によってフォーカスしない記憶も出てきます。すべてが映画のような世界なのです。どの映画を観たいかというのも個性によって違います。外側のあなたが大きな画面であなたのパラレルをすべて観ているのと同じように、絶対無限の存在も小さな自分の個性が創り出したパラレルをすべて観ているのです。画面の中で面白そう、体験したいと思う画面を見つけるとそこにフォーカスする個性を創るのです」

「ん？　ん？　絶対無限の存在は何も考えていないのですよね？　なのに、面白そうだと思う個性を創り出すとは？」

「今のあなたのような思考はしていないということです。ここがあなたにとって、とても難しいと思いますが、あなたのように思考はしていませんが、何かにフォーカスするということはしています。そうでないと、何も動きませんので。動くというとまた誤解されるかもしれませんが、絶対無限の存在は、自分という意識が何故突然生まれたのかを知りたいと思い、自分の意識を沢山の個性に分けて、その個性に色々な体験をして欲しいのです。

(分けると言っても物質的なことではありません、分けたからと言って絶対無限の存在が減っていくということはありませんので)

絶対無限の存在とそこから分かれた個性は、常にエネルギーで繋がっています。繋がっているというよりそのものなのですが・・・分かれたように見えているだけですが、絶対無限の存在はどんどん個性を創り出すのです。

海の波の雫のようなものだとイメージしてください。海の波の雫は一瞬、海から離れているように思いますが、エネルギーでは繋がっています。その雫の一滴一滴が、あなたや私のように思考する個性なのです。その個性の雫はすぐに海に戻ります。海に戻ると雫ではなくなります、海と融合するのです。どこからどこまでが雫かどうか分からなくなります。それが音の個性になるのです。音は今のあなたのような思考はしませんが、音の個性の傾向はあります。その音としての個性が一度海と同化、融合して個性も消えます。そして、また別の個性、音となるのです」

「メチャクチャ難しい話ですね・・・個性とは一体何？　という感じです。

今の私は思考する個性で、絶対無限の存在の中の個性は思考しない。でも、傾向がある・・・よく分からないです」

「物質的な世界にいるあなたには、イメージしにくいことだと思います。物質世界は分離の世界ですので、融合するということ自体イメージできないと思います。これはそういう話があるというくらいの感じで軽くお聞きいただいた方がいいと思います。無理に理解しようとしても、あなたの頭の中にある知識では理解しにくいと思います。頭で理解しようとしないでくださいね」

「そう言われても、頭で理解しなければ、どこで理解すればいいのでしょうか？」

「ですので、そんな話がある程度で聞いていただければと思います。頭で言語的に理解できなくても、あなたの感覚では理解できているのです」

「また、また、訳の分からない話になってきましたが、頭では理解できないことが感覚で理解できていると・・・どういうことですか？」

□感覚で理解する

「あなたの頭の中にある知識は学校教育などによって教えられたものです。今の社会での知識に過ぎないのです。でも、その知識は歪められて教えられています。本当のことは教えてもらっていないのです。ですから、その知識では宇宙のこと、波動のことは理解できないのです。これは前著でもお話していますが、頭の理解ではなく、感覚であなたは色々なことを覚えているのです。感覚で絶対無限の存在のことを知っているのです。ですから、今は頭で何とか理解しようと思わず、そんな話もあるという感じで受け取っていただければと思います」

「頭では全く理解できないけど、何となく腑に落ちるという感覚がありますが、そういうことですか？」

「そうです。何となく分かる、何となく腑に落ちるという感覚は、あなたが物質世界の今の社会に生まれる前に持っていたものなのです。絶対無限の存在の共有の記憶なのです」

「と言われても、頭でどうしても考えてしまいます。では、また話が元に戻りますが、絶対無限の存在が面白そうだと思う画面にフォーカスすると、その画面が動き出すということですか？」

「動き出す・・・という表現もできますが、動き出すというか、続きができるという感じでしょうか？　その画面の次の画面、パラレルができるのです」

「誰がそのパラレルを創るのですか？」

「絶対無限の存在が創った個性です」

「それはどこから出てきたのですか？　絶対無限の存在がまた新しく創った個性ということですか？」

「海の波から発生する雫です。海は何も分かれていません。雫の集まりであり、雫の集まりだけではないのです。すべて同じ海なのです。

でも、雫として波から発生したときは、雫は海とは別の雫という個性を持ちます。雫はそれぞれ違います。その雫があなたであり、私なのです。

そして、雫はいつも新しくできます。その雫が面白そうだと思う（これは今のあなたが思う面白いとは違います。この感覚は理解しにくいと思いますが、何となく聞いていただければと思います）。

そして、魅かれる画面にフォーカスします。ここで思い出していただきたいのは、絶対無限の存在には時間はないということです。パラパラ漫画は連続した形で存在するのではなく、バラバラに存在します。一枚一枚存在するのです。その中の一枚の絵にフォーカスし、その世界に入り込むとそこに新たな世界が出現します。その世界の中で物語が始まるのです。その物語も夢のようなものです。

そして、入り込んだ時点からまた次から次へと新しいパラパラ漫画、パラレルができるのです」

「ものすごい数のパラレルになりますね」

「でも、夢ですから、場所などは関係ありません。膨大なというより無限にパラレルは創り続けられます。あなたのパラレルだけでも膨大な数になります」

「そうでしょうね、常に私もパラレルを創り続けているのですから。

ということは、ちょっと思ったのですが、私が死んで今フォーカスしているパラレルから外に出ると、私が今創っているパラレルは、そのまま止まってしまうということになりますか？　この世界の私が思考しないのですから、私の世界も終わる？　パラレルも止まってしまうということですか？」

「そうなりますね。あなたが共有しているパラレルからもあなたは居なくなります」

「でも、共有のパラレルでは、私が関係していたパラレルは創り続けられるのでは？」

「共有のパラレルは、ラインを繋げていた人たちによってまだ創られますが、それはあなたには関係のないパラレルになっていきます。あなたの考えが反映されませんので、あなたの世界とは関係のないものになります」

「ん？　でも、私が共有のパラレルに居るときは、私の考えは、その人たちに影響は与えていたのですよね。ならば、その考えと同じようなパラレルは創り続けられるから、私とも関係が出てくるのではないですか？

例えば、私が死んだ後、家族が私のことを思い出して、あの人ならこう言うよね、とか、これは喜ぶよね、とか、思うことがあるじゃないですか？　それは共有のパラレルにまだ私が居るということにはならないですか？」

「それはならないです。共有のパラレルに残った人たちの記憶に過ぎないからです。記憶をもとにその人たちが、あなたならこうすると予想しているだけなのです。あなたの考えのエネルギーではありません。だから、あなたがその共有のパラレルを抜けた後は、あなたはそのパラレルに影響することはできないのです。あなたの世界は終わったのですから、その後に関係することはできません」

「そうですか・・・そうなると何かさみしいですね」

「あなただけの世界は終わります。でも、その後記憶としては残っています。こういう人がこのパラレルを共有していました、という記憶は残ります。その記憶が違うパラレルを創り出すことがあります。ですから、あなた自身のパラレルは終わりますが、その後の共有のパラレル

は続くのです。あなたはそのパラレルに直接関与することはありませんが、共有の記憶として
そのパラレルに関与することはできます。家族の中で記憶として存在はします。
どういうことかというと、あなたは直接家族にあなたの考えを伝えることはできません。
でも、さっきの話のように、あの人ならこう考えたよね、これはこうしたよねと予想されるこ
とはあります。その予想によって、予想した人が別のパラレルを創ることもあるのです。
例えば、花を選ぶとき、百合にしようか、バラにしようか、それとも別の花にしようかと迷っ
ているとき、お母さんはバラが好きだったよね、きっとバラを選ぶよねと考え、バラを選ぶと
いうパラレルを創り、そのパラレルを選択することもあります。でも、それはあなたが直接関
与したパラレルではなく、その人が自分で創ったパラレルですので、その人のパラレル、世界
であり、あなたの世界とは全く関係ない世界なのです」
「記憶になっていると思うだけでもさみしくなくなりますね」
「死ぬことがさみしい、忘れられることがさみしいと思うのも、今のあなたの社会で刷り込ま
れた考えだということはお伝えしておきます。
あなたの世界は夢のようなものですが、確実に存在していました。それは絶対無限の存在には
確実にあるのです。あなたが今の世界、パラレルから出たとしてもそれは変わりません。だか

ら、今の世界の中であなたが死ぬことは、あなたが消滅することではないのです。あなたは外側にフォーカスを変えるだけです。そして、あなたが創ったパラレルは、ずっと存在します。だから、さみしいなどということはないのです。ただ、そのパラレルが終わっただけです。そして、また新しいパラレルを創れるのです」

「その新しいパラレルですが、私が今創っているパラレルの続きをすることはできないのですか？」

「どういうことでしょうか？」

「例えば、私が死んだ後のパラレルを面白いと思ってその続きをしたいと思う個性は出てこないのですか？　ということです」

「そのままですか？」

「はい、そのままの世界を引き継ぐというか、その世界にフォーカスするというか・・・」

「それはないですね。あなたの今の世界はあなたが外にフォーカスした時点で終わるのです。たとえ、もし、あなたの世界が面白いと思って、その世界にフォーカスしたとしても、それは全く別の世界になります。あなたが居ないのですから、あなたの世界にいくらフォーカスしたとしても、それはもう終わった世界ですから、それをあなたとして続けることはないのです。それはできません」

「じゃあ、私の世界はそれで終わるとして、さっきの話のように、私が関与していた共有のパラレルはどうですか?」

「共有の世界はそのまま続きます」

「共有のパラレルについてもう少し具体的に教えていただけますか?」

「共有のパラレルにも大きさ?　があります。小さな共有のパラレルもありますし、大きな共有のパラレルもあります」

「共有のパラレルにも大きさがあるのですか?」

「大きさという表現も少し違うのですが、例えば、家族の共有のパラレルがあります。それは数人ですね。そして、その周りというか、重なってというか、表現が難しいですが、親戚のパラレルがあります。身体の周りの波動エネルギーの話と似ているとイメージしていただければと思います」

「あ、そう言っていただくと何となく分かる気がします」

「小さなパラレルが重なって、交わって少しずつパラレルに共振する人が多くなっていきます。小さなパラレルだと家族を構成していた個性が死んだりしていなくなっていくと、家族の共有のパラレルもなくなっていきますが、もう少し大きなパラレル、例えば出入りが多いパラレルになると続いていく可能性は大きくなります」

「出入りの多いパラレルとは？」

「例えば、自治会とか学校ですね。会社もそうですし、何かの組織です。組織というのは個性の集まりです。一人ひとりがそれぞれの世界、パラレルを創っているのですが、組織に入ったときにというか、その組織に入ることを選んだときに、その組織を構成している人たちが創っている共有のパラレルと共振することになり、その組織での体験をするのです。

でも、組織というのは入ってくる人もいれば、出ていく人もいます。出ていく人は、その組織の共有のパラレルとのエネルギーを切る、共振を切るということですので、その組織とは関係がなくなり、そこでの体験はしなくなります。

入ってくる人は、反対にそこに共振することを選んで、そこでの体験をすることになります。

組織が大きくなればなるほど、出入りが多くなります。だから、一人が共振をやめたからといって、その人からその組織のパラレルはなくなりますが、組織自体の共有のパラレルは誰もいなくなるまでは残るのです。だから、人数が多いパラレルは出入りが多いので残る可能性は大きくなります。会社のパラレルの周りには沢山のパラレルがあり、交わっています。その交わりと融合する形で、例えば県などの自治体と呼ばれる組織のパラレルがあるのです。全国の都道府県を融合する形で、日本国というパラレルがあるのです。それぞれの個人が、沢山の組織的なパラレルと共振したり、交わったり、融合したりして大きなパラレルとなっていくのです。でも基本はあくまでも一人の世界、パラレルです。だから、一人の世界が終わったら、その人の世界は終わります。だから、他のパラレルは関係なくなるのです。これはあくまでも今、体験している物質世界のパラレルの話です」

「日本のパラレルというものがあるということですか？　ならば、日本を含む世界のパラレルもあると？」

「そうです。個人の波動エネルギーのときにもお話したと思いますが、パラレルも波動エネルギーなのです。だから、パラレルの波動エネルギーがお互い融合し合っていくうちに、絶対無限の存在に融合します。絶対無限の存在は最終的なパラレルになるのです。物質世界の存在も物質ではなくエネルギー体として存在している存在も、すべての個性のパラレルが交わり、融合し合って大きくなって（これは物質的に大きくなるという意味ではありません）最終的に絶対無限の存在になります。絶対無限の存在は、融合の最終形態ということになります」

「何か、最終形態って言われると、絶対無限の存在ってすごいって思っちゃいますね」

「絶対無限の存在が始まりであり、最終形態なのです。これが宇宙なのです。だから、宇宙は、大から小へ、小から大へと循環しているのです。循環が宇宙なのです。循環が絶対無限の存在そのものなのです」


「出たり入ったりしている個性が、絶対無限の存在だというように理解していいですか？」

「はい、そう理解していただいていいと思います」


「ならば、私も宇宙だと言えますね」

「はい、あなたも私も絶対無限の存在。宇宙なのです。そして、個性はひとつです。同じ個性は宇宙にはいません。すべての個性は、とてもユニークで特別なものなのです。ただ、絶対無限の存在が最終形態といっても、単色になるわけではないともう一度お伝えしたいと思います。小さな組織がだんだん大きくなると言っても、ひとつにまとまっていくわけではありません。例えば、県というまとまった組織があっても、その中には沢山の組織があります。そして、その中には沢山の個性のパラレルがあるのです。融合していくといっても個性がなくなっていくのではありません。融合してもその中には個性はあります。海は小さな雫の集まりでもあるのです。同じように、海は単体であるかのように思いますが、海によって特徴は変わってきます。

そして、海は地球上ではみんな繋がっていますが、海によって特徴は変わってきます。すごく冷たい海もあれば、暖かい海もあります。暖かい海の中に冷たい海水は、混ざらないですね。冷たい海水が少し入ってきても、そこに共振すれば暖かい海水に変わります。反対もそうです。冷たい海水の中に一滴だけ暖かい海水がずっと存在することはありません。共振するとその温度に変化するのです。それは分かりますね？

場所によって特徴があるように、絶対無限の存在の中にも色々な音があるのです。それぞれ似たような音が共鳴して存在します。絶対無限の存在の中にも色々な音があって、その音たちの傾向によって集まります。でも、前にもお話したように、ここからここまでは冷たくて、ここからここまでが暖かいというはっきりとした区分はなく、グラデーションのようになっています」

「日本のパラレルということについて少し質問してもいいですか？」

「はい、何でしょうか？」

「日本という国のパラレルがあって、今、私はそのパラレルに共振しているということですが、出入りはあっても、この日本のパラレルは、ずっとひとつなのでしょうか？　他に日本の別のパラレルはないのですか？」

「どういう意味でしょうか？」

「上手く説明できないのですが、日本はずっと同じ延長線上で続いているのですか？」

「歴史的なことですか？」

「はい、そうです。歴史として考えると、日本の国に生まれた人たちは、みんな同じ延長線上の日本に共振しているということですか？

例えば、江戸時代が続いているというパラレルは存在しないのですか？　江戸時代が終わって明治になった日本のパラレルしかないのですか？」

□歴史

「ご質問の意味が分かりました。ずっと江戸時代が続いているパラレルはあります」

「え？　あるのですか？」

「はい、あります。大小限らず、過去に起きたことのパラレルはいくつもあります。個人的にジュースを飲んだパラレルと、飲まなかったパラレルがあるのですから、共有のパラレルにもそれは起きます。それが、先ほどご説明した、日本という組織の中にも沢山の共有のパラレルが存在するということです。

とても離れたパラレルでは、日本という国もないパラレルも存在します」

「え？　日本がないパラレルもあるのですか？　そこまで離れているパラレルも存在するのですか？」

「はい、共有のパラレルを創っている個性の傾向によって、パラレルも変わってきます。冷たい海水のパラレルと、暖かい海水のパラレルのように全く違う傾向のパラレルも存在するのです」


「それは、どこでどうなっているのですか？」

「これも、今のあなたには理解しにくい話になりますが、今のあなたは、今の歴史の延長線上のパラレルを選んで地球に生まれてきたのです」

「どういうことですか？」

「あなたは今の物質世界の地球に生まれるという選択をしました。ですから、今この体験をしているのです。それは自分で選んだことです。そして、難しい話になりますが、最初は絶対無限の存在の中の音でした。そして、新しい個性となって体験することにしました。これは何度もお話ししていますが、今のあなたが考えているような思考とは違います。どんな思考？　と言われても言葉でご説明するのは大変難しいですし、迷子になってしまいますのでこのくらいにしておきたいと思います」

「ひとつの音が絶対無限の存在から出て個性になると決めた。そして、今の私の世界を創りたくて地球に生まれてきたということですね？」

「その前に、外のあなたの個性ができるのです。できるというより自分で創るのです。音から外のあなたの個性になります。その外のあなたの個性は、自分のパラレルの画面を創り出す前に、他のパラレルを観るのです。

どう表現したらいいでしょうか？　目の前に川が何本も何本もあると思ってください。その川には色々な情報があります。その情報の川のひとつにフォーカスするのです。その川の情報が面白そうだと思ってフォーカスします。それが今のあなたの外側のあなたなのです」

「どういうことですか?」

「外側のあなたも、今のあなたのようにひとつの大きなパラレルに共振しているのです。その共有の世界に入り込んでいるのです」

「余計に意味が分からなくなってきましたが・・・」

「今のあなたは、外側のあなたがフォーカスしたところに居ます。居ます、というか、ホログラムを創って遊んでいます。その外側のあなたの外側にも、その外側のあなたが居るのです」

「私の後ろには私が居て、その私の後ろにも私が居るということですか?」

「後ろというか、大きなあなたというか、どう表現すれば理解しやすいでしょうか?

とにかく、あなたという意識はどんどん広がっていっているのです。そして、最終的に絶対無限の存在と共振します。反対から見たら、どんどん小さく狭い世界にフォーカスしていっているということです」

「なるほど・・・で、その外側の、外側の私がどうしたのですか?」

「あなたの外側の、外側のあなたはある川を選びました。川と表現していますが、歴史と表現してもいいと思います」

「歴史?」

「歴史、ひとつの共有のパラレルの延長線上に自分の意識をフォーカスさせて、そこで自分のパラレルを創って遊ぼうと思ったのです」


「歴史は川のようにいくつもあるということですか?」

「そうです。時間の川、歴史の川は何本も数えきれないほどあります。川を、以前に比喩に出した、木の幹と思っていただければ分かりやすいですか?

大きな太い木の幹があって、そこからあちこちに向かって枝が出ています。枝の途中からも枝分かれして新しい枝が出ています。枝をあなたたちの歴史だと思ってください。ある枝、ある歴史(過去に起きた出来事の延長線)が面白いと思って、そこにフォーカスしたのです。

だから、あなたは今、明治維新があった歴史の共有のパラレルの延長線上で、あなた個人のパラレルを創って体験しているのです。江戸時代が終わり、明治維新が始まって、そこからずっと続いている今のパラレルに共振しているのです。

個人のパラレルも共有のパラレルも基本的には、同じ構造になっています。考えたことがパラレルになって、どれを選択するかで体験するパラレルが変わってきます。共有のパラレルも同じです。同じ考え、感覚の人たちがお互いラインを繋いでその人たちのパラレルを創るのです。小さな共有のパラレルもありますし、大きな共有のパラレルもあります。みんな自分でどのパラレルを共有するかを決めています。あなたの外側のあなたは、江戸時代が終わった共有のパラレル（歴史の延長の世界）が面白そうだと思って、そこにフォーカスしたので、その歴史の延長線上にいるのです。もし、江戸時代が続いているパラレルが面白そうだと思えば、そこにフォーカスし、その歴史の延長線上の体験をします。でも、二つの別のパラレルを同時に体験することはできません。

そして、ひとつのパラレルにフォーカスしているときは、他に世界があることを忘れてしまいます。その世界に没頭して遊ぶためです」

「ということは、どの川が面白いか、どの川がどこに行くのか、どういう現実を創れるのかを予め知っているということですか？　未来を知った上でその川を選んだということですか？　そうならば、未来は決まっているということになりますが・・・」

「未来は分かりません」

「でも、川の流れを見て、この川が面白そうだと思ったわけですよね？　ならば、未来を分かった上で選んだということになりませんか？」

「そうではありません。未来というパラレルは自分で創ります。その歴史にフォーカスするには理由があります。一番は面白そうだという感覚です。その感覚は外側の、その外側のあなたの個性の傾向によります」

「個性の傾向って、破壊的な個性とか、穏やかな個性とか・・・ということですか？」

「そうですね、その個性の傾向によって、選ぶパラレルは変わってきます。破壊的なという言い方だとあなたたちの中では、あまりいいイメージではないのですが。破壊の傾向は悪いという意味で使っているのではありませんので、誤解しないでくださいね。

波瀾万丈のパラレルを体験してみたいと思ったならば、波瀾万丈の歴史上のパラレルを見て、面白そうだと思います。ハラハラ、ドキドキの体験をしてみたいと思うこともあります。ジェットコースターに乗りたいと思うこともあるでしょう。そのくらいの感じです」

「そんな軽い感じで決めて欲しくないですね。自分が決めたこととはいえ、何か腹が立ちます。今この社会でどれだけしんどい思いをしているか知らないでいい気なものですね。全く」

「外側の、その外側のあなたにしたら、軽い選択なのです。今のあなたが体験しているのはホログラムだということを知っているからです。だから、どの映画にしようかなぁ～という感じで選んでいるのです」

「何か、どういえばいいのか、こんな映画を選んだ自分を叱り飛ばしたい気分です。どうして、穏やかな江戸時代が続く川、歴史の延長線を選ばなかったのでしょう。本当に、全く」

「あなたも実は心のどこかで、その方が面白いと思っていませんか？　ハラハラ、ドキドキしたいと思う気持ちはありませんか？」

「え？」

「よく考えてみてください。あなたの歴史、今まで選んできたパラレルを顧みれば、あなたの傾向が分かると思いますが・・・」

「そう言われてしまうと・・・何とも言えませんが・・・確かに、波瀾万丈の方向になる選択ばかりしていますね」

「それがあなたにとって楽しいのです。ジェットコースターが好きな個性なのです。それを楽しんでください」

「楽しんでくださいと言われても、今の世の中本当に大変ですよね。どうしてこんな世の中を選んでしまったのか、不思議です」

「これは余談になりますが、今のあなたの社会を選んだ人には、それぞれやりたいことがあってのことなのです」

「やりたいこと？」

「先ほどもお話しましたが、破壊的な傾向を持っていても、創造の方にそのパワーを使う人もいます」

「どういうことですか？」

「今の破壊の方向に向かっている世の中を、穏やかな世の中にしたいと思っている人もいます」

「やっぱり今は破壊の方向へ向かっているのですね。そうか、やっぱりそうですよね」

「はい、その話はもう少し後にお話したいと思います」

「ということは、破壊の世の中を平和にしたいという・・・世直し的な感じですか？」

「そこまでは分かりませんが、破壊ではなく創造の方向に向かいたいと思っている人は、もうすでに平和で穏やかな世界だと物足りないと思うこともあります。メリーゴーランドのような乗りものよりジェットコースターが好きな人もいます。わざわざ辛い体験をするであろう世界を選ぶ人もいるのです」

「織田信長さん？」

「そうですね、彼もその傾向があります。世直しという大層な理念ではなく、自分が思っている世の中を創りたいと思ったのです。平和な世の中を創りたいと思っていたのです。彼も破壊的な傾向の音ですが、それを創造に使ったということです」

「なるほど・・・他には、どういう理由で今の世界を選択したのでしょうか？」

「他には、観光的な感じで選択した人もいます」

「観光的な？　よくこんな酷い社会に観光に来ようと思いますね・・・」

「危なくないことを知っているからです。怖いもの見たさ・・・ということもあります。怖い映画も観てみたいと思ったということです。お化け屋敷に入ってみたいと思うのと同じです。お化け屋敷は作り物で安全だということを知っているから、怖さを楽しめるのです。怖い映画もそのときは怖いですけど、それが本当に自分の身に起きないことを知っているから楽しめるのです。それと同じだと思っていただければと思います」

「そういうことですね・・・あとは？」

「あとは、破壊が好きな人もいます。破壊そのものを楽しみたいと思う人もいます。そういう音の人は、純粋に破壊を楽しむためにきます」

「破壊を楽しむ音・・・何だかなぁ～って思いますけどね。それも個性と言われてしまえば、それまでなのですが、それに巻き込まれる私たちの身にもなってくださいよって強く思いますが・・・」

「それは、あなたも同意しているからです。何度も言いますが、お互い同意しなければラインを繋げません。あなたが同意しているから、共有のパラレルを創っているのです」

「そう言われたら、そうですけど・・・」

「はっきり言って、今のあなたが共振しているパラレルは、とてもハードなパラレルです。日本に関して言えば、江戸時代から明治維新が起きた歴史の延長線上のパラレルは、ハードモードのパラレルです。でも、あなたはそのパラレルで色々なことを体験したいと思って、その歴史の延長線上のパラレルを選択したのです」

「ちょっと待ってください。そうなると、すごく昔の話になりますが、縄文時代が続いているパラレルもあるということですか？」

「はい、あります。それは今のあなたからもっと離れたパラレルになります。同じ幹から出ている枝ですが、随分離れてしまった枝の話です。

でも、その枝は今のあなたには全く関係のない枝です。だから、あなたには見えませんし、あることも認識できないのです。

そんなことを言い出すと、アトランティスの世界だけのパラレルもあります。でも、あなたはアトランティスからムーが分かれて、地球の地軸が傾いた歴史の延長線上にいるのです。

そんな過去まで考えていけば迷子になってしまいます。アトランティスとムーができた後からも、違うパラレルはできているのです。

とにかく、あなたは江戸時代から明治維新が起きた後の日本を選んだのです。あなたの後ろ、過ぎた時間は一本だけなのです。あなたが共有している歴史のパラレルは一本だけです。他の枝の歴史は、あなたには関係ないのです」

「では、未来はどう考えればいいのですか？　共有の歴史は変えることができないならば、その歴史の延長線上の未来は、そのまま続くということになりませんか？」

「先ほどもお伝えしましたが、未来は決まっていません。未来はどのようにもなります。

未来は選択の連続なのです。選択の連続によって未来と呼ばれるパラレルは変わります」

□未来は選択の連続

「未来のパラレルについて具体的に教えていただけますか？」

「はい、では、あなた個人のパラレルでご説明しますね。共有のパラレルになると少し複雑になりますので」

「はい、お願いします」

「未来という言葉であなたは何をイメージしますか？」

「未来・・・ですか？　まだきていない今、という感じですか？　遠い話、今とは関係のない出来事？　あれ？　何だか分からなくなってきました」

「未来は今から始まっています。今と密接に関係しているのです」

「そう言われればそうですけど、でも未来のパラレルは未来のパラレルであって、今のパラレルとは関係ないのでは？　パラパラ漫画の先の話ですよね。今創っている一枚の絵とは関係のない絵なのでは？」

「今の絵がなければ、未来の絵は描けないのです」

「どういうことでしょうか？」

「例えば、あなたは未来について考えることがありますね？」

「はい、未来はどうなっているのかな？　と考えることはあります」

「もうひとついいですか？」

「はい」

「あなたが思う、イメージする未来とはどのくらい先のことですか？」

「どのくらい先・・・どのくらい・・・でしょうか？　一年後？　十年後？　のことかな？　よく分かりません」

「未来というのは、次の瞬間も未来ですし、一年後も未来です。今まだ起きていないことを未来と定義しているのです。それは分かりますね？」

「そうですね、未来という言葉を聞くとどうしてもすごく先のことをイメージしてしまいますが、そう言われれば今日の晩も未来と言えますね」

「今日の晩のことを例にすれば、未来の話も分かりやすくなると思います。例えば、今晩何をしますか？」

「仕事が終わって家に居るときですか？」

「はい」

「何をしましょう？」

「ご飯は家で食べますか？　外で食べますか？」

「大体家で食べるので、今晩も家で食べると思います」

「では、家で何を作って食べますか？」

「えっと、刺身が食べたいですね、刺身に合うものは、酢の物ですかね？　それから、野菜の煮物があったらいいですね・・・」

「あなたがここまでお話したことで、いくつくらいのパラレルができたと思いますか？」

「え？　いくつかなぁ〜、家でご飯を食べる、食べない、で二つできましたよね。それから、刺身にすることと、酢の物にするということと、野菜の煮物ということで、五つのパラレルができた？」

「いいえ、この時点でものすごい数のパラレルをあなたは創ったのです」

「この短い会話の中だけで、ですか？」

「はい、家で食べる、食べないというパラレルができたのは、認識されていますね。でも、その間に、無意識のうちに沢山のパラレルを創っているのです」

「無意識のうちに？　例えば、どのようなパラレルですか？」

「例えば、家で食べますか？　外で食べますか？　という質問に、瞬時にあなたは家で食べるイメージと、外で食べるイメージをしました。そして、いつも家で食べるので、今晩も家で食べますという選択をしました。その前に、外で食べるというイメージをしたときに、何を食べようか？　どのお店に行こうか？　など瞬時に考えたのです。そして、その中に特にピンとくる選択肢がなかったので、いつも家で食べているから、いつもと同じようにしようという自動運転モードになって、家で食べるというパラレルを選んだのです」

「そんな短い、ほとんど瞬時にそんなことを無意識で考えているのですか？」

「そうです、瞬間的に色々なイメージをしているのです。そして、そのパラレルの数はその時々によりますが、気がつかないうちにあなたは沢山考えているのです。そして、その中から選んでいるのです。だから、家で食べると思います・・・という曖昧な答えになったのです。他のパラレルにもまだ少し魅力があったので決め切れなかったというのが、言葉に出ているのです」

「そういえば、今決めなくてもいいよね、とは思いました。また気が変わるかもしれないからと・・・だから、多分そうするだろうなという曖昧な感じで答えたのは確かです」

「でも、次に私が、では何を作りますか？　と聞いたので、あなたは家で食べるということを決めたのです。外で食べるかもしれないという考えは、家で何を食べようか、というところにフォーカスしたときになくなりました」

「確かにそうですね。そのときに家で食べることしか考えなくなりました」

「それから、メニューの話になりました。あなたの頭の中では沢山のおかずがイメージされました。肉類？　魚介類？　肉類ならどの肉？　魚介類なら焼き魚、煮つけ、いや刺身がいいかな・・・という思考のもと、一番今の気分に合う刺身を選んだのです。すぐに刺身にしようと思ったわけではなく、頭の中の沢山の食べ物のイメージの中から選んだのです」

「そんなに沢山イメージした覚えはないのですが・・・でも、すぐに刺身のイメージが出てきたわけでもありませんので、もしかしたら、そうかもしれませんね。ちょっとしたことでもそんなに考えているのですね」

「それも好きなものです。嫌いなものはイメージすることもありませんね。それがあなたの好きなものの傾向なのです」


「それって、知らず知らずのうちに、好きなものだけをイメージして、その中からそのときの気分で選んでいるということですか?」

「そうです。必ず傾向があります。それが自動運転になるのです。意識して考えていないと、違う傾向の選択はできないのです。自分の傾向の選択ばかりになるのです。前にもお話したように、意識しないと自動運転になってしまうということです」


「でも、好きなものだけを選んでもいいと思いますが・・・」

「はい、いいと思います。でも、いつも自動運転ばかりになると生活は変化しなくなります。いつも同じようなメニューばかり食べていると、それはそれでいいのですが、何となくつまらないと思うことにもなります。

今、お話しているのは余談ですが、たまには自動運転では思いつかないメニューを選ぶということをしてもいいのではないでしょうか？

新しいことにチャレンジするということです。いつも同じ傾向のものばかり選んでいるとあなたの選択肢が少なくなってしまいます。新しい風が入ってこなくなります。

現実（生活）に新鮮さがなくなってしまいます。もし、いつも家でご飯を食べているからという理由で、今晩も家でご飯を食べるという選択をしようとしているならば、たまには違うものも食べてみようと思っても面白いと思うのですが。新しい、いつもは選択しないものを食べてみようと思うと、気持ちもワクワクして、日常ではない楽しさを感じることができます。

そうなるとまた違うパラレルを創ることができるのです。今まで持っていなかった考えをすることができれば、あなたが創り出すパラレルも幅が広がります。多角的に考えることができるようになり選択肢も三個から十個、それ以上というように広がりますので、生活も楽しくなってきます。新しいことにチャレンジして、合わないと思ったらやめればいいのです。その選択肢を選ばなければいいのです。選ばなければあなたの現実にはなくなります」

「新しいことにチャレンジすると確かに楽しいですよね。それはそうと、未来の話は？」

「そうでした。今晩という未来の話に戻しますね。今晩何をするということが決まれば、そのパラレルを選ぶということになって、その未来をあなたが創り出すのです。それが未来の創り方なのです」

「未来の創り方？」

「未来のパラレルについて具体的にというお話だったので・・・今晩という未来の創り方をお知らせしました。今晩何をしよう、何をどこで食べようと決めることで、あなたの今晩は決まります。これが未来の創り方なのです」

「いや、そんな当たり前のことではなく、もっと先の未来の創り方を教えていただけませんか？一年後、とか、十年後、とか、私はどうなっているのでしょうか？　的な話をしていただきたいのですが・・・」

「一年後も十年後も今晩も同じです。何も変わりません。そして今の言葉がちょっと気になったのですが・・・」

「どの言葉でしょうか？」

「私はどうなっているのでしょうか？　という言葉です。言葉は正直なもので、今のあなたの心を素直に教えてくれるのです」

「えっと、どういうことですか？」

「あなたはまだ未来は、自分ではどうしようもないと思っているということです。パラレルの話の中でずっと私は、パラレルは自分で創っているのですとお伝えしてきました。それは未来というパラレルも同じなのです。どうなっているのでしょうか？　ではなく、あなたがどうしたいのか、なのです。未来は確定されたものではなく、自分で創るものなのですから・・・」

「そうでした、つい今までの癖で未来は自然にできる的な考えになってしまいます。しっかりと理解できていないということですね。すみません」

「大丈夫です、すぐには変えることはできません。少しずつ、気がついたときに修正していけばいいのです。修正しようと思えば、修正できている未来のパラレルができます」

「そこです。そこを具体的に教えてください」

「修正できている未来の話ですか？」

「というか、未来のパラレルができているという話を具体的にお聞きしたいのです」

「未来のパラレルは、あなたが未来をイメージする数だけできます。その中からあなたは気に入ったパラレルを選ぶのです。それが未来のパラレルであり、そのときのあなたの現実なのです。例えば、今晩あなたは刺身を食べると決めました。それが今晩のあなたの未来です。他の料理を食べるパラレルも創りましたが、その中であなたは刺身を食べるパラレルに決めたのです」

「はい。刺身が一番食べたいと思いました」

「そこから、その未来のパラレルに向かって次々とパラレルを創っていくのです」

「そこに向かってパラレルを創っていくのですか？　すでにもうあるパラレルなのに？」

「未来のパラレルはまだ一枚の絵です。今のあなたのパラレルと繋がっていないのです。パラパラ漫画で、突然何の繋がりもない絵が出てくるようなものです。それはあなたの物質世界ではあり得ないですね？」

「急に別の現実になるということですか？　魔法のように、何もないところから何かが出てくることはないですね。そうなったらいいなと時々思うことはありますが・・・」

「魔法のように、急に現実が変わるということは物質世界では難しいです。波動のことを知り尽くしているならば、波動エネルギーを使って何もないところから物質を創造するということはできなくはありませんが、現実を急に変えるということはできないのです。

あなたの世界に誰か別の人が介入することはできません。あなたも突然違う現実に入ることもできないのです。

前にもお話しましたが、今の現実では結婚もしていないのに、突然パートナーと子どもが現実に現れるということはありませんね。そんなことが起きたらびっくりしてしまいます。

その現実についていけなくなります。あなたの今の世界ではなくなります」


「では、未来のパラレルと繋げるためにはどうしたらいいのですか？」

「とても簡単ですね。刺身を食べる準備をすればいいのです」

「準備をするのですか？　スーパーで買ってくるとか？」

「そうです」

「いや、いや、そんなの当たり前じゃないですか？　そんなこと聞かなくても分かります」

「パラレルというと何か特別なことだと思ってしまうかもしれませんが、最初にお話したように、パラレルは生活に密着しているのです。普段からあなたは、何気なくやっているのです。その当たり前のことが大切になってくるのです。いつもしていることがあなたの未来になるのです」

「そうなんですね・・・確かに刺身を買ってくれば、刺身を家で食べるという未来は現実になります」

「それが未来のパラレルを現実にする方法なのです。もう少し詳細に決めていかなければ、しっかりとした現実にはならないですが」

「しっかりとした現実とは、どういうことですか?」

「あなたが本当に食べたいと思った刺身が食べられないということです。不満が残るパラレルを選択する、不満が残る現実を体験することになってしまいます。それもあなたが創ったパラレル、現実なのですが・・・」

「不満が残るパラレル?」

「例えば、刺身が食べたいと思ったときに、何の魚か決めてください。

鯛ですか？　ヒラメですか？　タコですか？　それとも三種類全部ですか？　それが決まらないと買うことができません。

そして、どこで買うかも大きな要素になります。どこでもいいと思っていると美味しい刺身を買うことができないのです。美味しい刺身を売っているところを探してください。

こうして詳細を決めていくことで、あなたが一番望んでいる未来を現実にすることができるのです。刺身なら何でもいいと思っているよりも、どの魚の刺身を、どこで買うかを決めていくことで、より自分の望む未来を現実にできるのです。できるだけ具体的にイメージするということが重要になってきます。

そして、もうひとつ重要なことが行動するということです。いくら現実は幻だ、ホログラムだといっても、あなたは物質世界にフォーカスしていますので、行動しなければ何も起きないのです。考えることがパラレルになるのでしょ・・・って思っていくら考えていても、パラレルはできますが、さっきお伝えしたように、その望んでいる未来のパラレルには繋がらないのです。一枚の絵を創り続けるだけになってしまいます。

そして、あなたは晩ご飯に刺身だけではなく、酢の物、野菜の煮物も食べたいと思いました。それにはまた、何の酢の物ですか？　わかめときゅうりですか？　タコも入れますか？　など細かく決めていかなければ、その未来のパラレルには繋がらないのです。野菜の煮物もそうです。そうして沢山のことを決めていかなければいけないのです」

「そんなに沢山のことを決めなければいけないのですか？　疲れますね・・・」

「こうやって改めていちいち説明されるから、大変だと思って疲れるだけです。あなたはそれを意識することなく毎日、毎瞬やっているのです。生活するというのは、決めることの連続なのです。何を決めていくかによって生活が変わってくるということです。それがパラレルワールドなのです」


「今晩のことは分かりました。でも、もっと先のことになるとそう簡単にはいかないですよね？」

「一年後も、十年後も同じです。何も変わりません。では、一年後の話をしましょう。一年後あなたは何がしたいですか？」

「一年後ですか？　一年後ねぇ〜・・・まだ何も決めていません」

「では、もっと先の十年後は？」

「十年後ですか？　一年後も決めていないのに、十年後なんて全く分かりません」

「では、すごく根本的な話に戻したいと思います」

□根本的な話

「根本的な話というと？」

「あなたはどういう生き方がしたいですか？」

「生き方・・・ですか・・・生き方・・・どう生きるか・・・ということですね？」

「そうです。どう生きたいですか？」

「そりゃ楽しく生きたいですよね・・・」


「では、最終の未来のパラレルの話をしましょう・・・」

「それって死ぬときの話ですか？」

「そうです。あなたは死ぬときのパラレルをどう考えていますか？」

「死ぬとき？　できれば家族や友達に看取られながら死にたいですね。家で死ねればいいな・・・くらいしか考えていませんが」

「外側の状況ではなく、あなたの中のお話です。あなたは何を思いながら死にたいと思いますか？」

「私の中の話？　思いですか？　なんだろう？」

「これもあなたから見れば、今更？　そんな当たり前のこと分かりきっているじゃないですか？という話になりますが、ここをしっかりと決めなければ、あなたが創るパラレルが一貫したものではなくなってしまいますので・・・お聞きしますね？」

「はい」

「あなたは、死ぬときに満足して、あ～、私の人生楽しかったぁ～と思いながら死にたいですか？それとも、あれもしたかった、これもしたかった、まだ死にたくない、まだ生きていたい、もしくは、自分の人生は一体何だったのだろう、つまらない人生だった、と思いながら死にたいですか？　ということです」

「そりゃ決まっていますよ。楽しかったって思いながら死にたいです」

「それが最終的なパラレルです。そのパラレルが決まれば、そこに行くまでのパラレルの方向も決まります。あなたの中に核ができます」

「核ができるって・・・どういうことですか?」

「常にそのことを考えていればいいのです。その最終的なパラレルに今のパラレルを繋げるにはどうしたらいいか・・・その視点で考えるようにすればいいのです」

「具体的にはどうすればいいのでしょうか?」

「簡単です。あなたはいつも考え、その中から選択しています。ですから、選択するときに、このパラレルを選んだらどの方向に進むかを考えればいいのです。あなたは楽しかったぁ~と言って死にたいと思っています。そうですね?」

「はい、そうです」

「それには楽しいパラレルを選び続ければいいのです。楽しいと思っている絵が続くとパラパラ漫画もずっと楽しい絵が続きます。そして、最終的に楽しかったパラパラ漫画が終わるということになります」

「理論的には分かります。そうですよね。でも、人生楽しいことばかりじゃないですよね。楽しいことを選ぼうと思っても、楽しい選択肢がない場合はどうしますか?」

「それも、ずっとお話していることですが、楽しむと思う思考ができないから、楽しいと思う選択肢を創ることができないのです」

「楽しいと思う選択肢を創ることができないというと？」

「基本あなたは我慢しなければいけない、そうしないと生活できないと思い込んでいます。だから、ついつい自動運転で我慢する方向ばかり考えてしまうのです。我慢は楽しくないですね？」

「楽しくないですね・・・余程の人じゃない限り楽しいとは思わないでしょうね」

「では、あなたたちが陥りがちな例をお話しますね。あなたたちは小さな頃から〝将来のために〟という思考を刷り込まれています。将来のために我慢しなさいという思考です。子どもの頃から勉強しなさいと言われます。『どうして？』と聞くと、将来のため、将来きちんと生きていけるようになるためと教えられます。

将来、未来というものの創り方を教えてもらうのではなく、未来のために今我慢することを教えられます。これは波動エネルギー的にまるで反対の考え方です。自分が未来を創るのではなく、誰かが自分の未来を決めてくれるという考えですね。

だから、小さな頃から、今したいことを我慢して勉強して、有名な学校に入学して、有名な会社に就職して、そして、その会社の中で出世することが良い人生だと教えられます。この考えだと常に我慢が伴います。今したいことは後回しにして、何が起きるか分かりもしない未来のために頑張る。ずっと〝きっとよくなると考えられる未来〟のために、我慢し続けることになります。これが勝ち組、成功者の生き方ですと教えられ、それを目指して生きるのです。そうなるとどうなるでしょうか？」

「死ぬときですか？」

「はい、最終的なパラレルは、どうなると思いますか？」

「我慢することに快感を覚えるという人以外は、もっと楽しく生きたかったたって思うでしょうね」

「そうですね、最終的にあれもしたかった、これもしたかったと思って死ぬことになります。自由に好きなだけ旅行したかったと思う人もいるでしょうし、会社員ではなく自分で独立して仕事をしたかったと思う人もいるでしょうし、料理家になりたかった人もいるでしょう。人それぞれやりたいと思うことがあるのです。それぞれユニークな生き方があるのです。でも、それを我慢しなくては、普通の生活をすることができません、生きていくことができませんと教えられ、それを目指すようになっていきます。一色の世界に染まりなさいと言われるのです。あなたがおっしゃっていたように、我慢することが大好きでたまらないと思う人は別ですが。でも、我慢することに快感を覚えるのも、〝未来のニンジン〟をぶら下げる教育の成果なのです。

我慢すると先生や大人から褒められます。賢いね、すごいね、偉いね、と褒められます。そうなると、我慢することが好きなのではなく、我慢している、我慢できている自分が偉い、賢いなどと思ってしまうのです。

我慢できる人が偉い人だと思っていると、我慢できない人を見るとダメだなと優越感を覚え、快感になるのです。そうなると我慢は一種の快楽ホルモンになり、我慢することに酔ってしまうことになります。

これは余談になりますが、究極まで肉体を使うと（私から見ると肉体をいじめていると思いますが）快楽ホルモンが出て気持ちよくなるのです。ランナーズハイとか、ゾーン（超集中状態）などと言われている状態がそうです。でも、精神的な我慢に快楽を覚えるのは生きているときです。まだまだ未来があると思っているときです。もっと我慢すればもっと良い未来がくると思っているときです。これで人生が終わると思ったときには、自分は何を我慢してきたのでしょうと思うのです。たとえ社会的にとても成功したとしても、ここで終わるならばもっと自由にしたいことがあったと思う人が多いのです。最終的にそういうパラレルになる人が多いのです」

「その説明は分かりやすいですね。ずっと我慢している人生を送っている人って多いと思います。でも、我慢しないとダメなことってありますよね？　実際には・・・」

「それもあると思います。今のあなたは我慢する方向で考える傾向が強いですので。あと陥りやすいこととして、人に合わせなければいけない、人と同じ行動をしなければいけないと思うことです。

例えば空気を読みなさいと言われますね。それは我慢しなさいと言っているのと同じです。レストランに会社の人たちと行ったとします。そこで、上司がパスタを選んだとします。部下たちはどうするでしょうか？」

「上司の性格にもよりますが、多分、じゃあ、私もパスタにしますという流れができると思います」

「誰にも強制されていないのに、何となく人と合わせていた方が安心、上司に合わせていた方がいいと思ってしまって、自分が本当に食べたいのかどうかも自分に聞くことなく、パスタを注文することがあると思います。もし、皆がパスタを注文したのに、あなたがグラタンを注文したらどうですか？」

「特に文句も何も言われないと思いますが、でも雰囲気的に何だか落ち着かない気がする・・・

かな？」

「そうですね、特に日本の人たちはそういう傾向にあります。右へ倣えということですね。それも我慢です。あのときパスタじゃなくてホットケーキが食べたかったな・・・なんて後から考えても、もうそのときは戻ってこないのです。我慢に慣れていると皆と同じものを食べるのが当たり前だと思って、後からホットケーキにしておけばよかったなんてことも考えないかもしれませんが。でも、確実に我慢しているのです。そのときに気がつかなくても、我慢するというパラレルを創っているのです。そして、そのパラレルが続いていくのです。そして最終的に好きなことをしておけばよかったというパラレルに向かっていくのです」

「パスタくらいでそんなことにはならないでしょう？　それはいくら何でも言いすぎでは？」

「パスタくらい・・・ではないのです。その考え方が我慢のパラレルを創ってしまうのです」

「そうなんですか？　パスタくらい、そんなに大層に考えなくても・・・」

「では、パスタの先の次のパラレルを予想してみましょうか？　できるだけ、どのようなパラレルが続くか考えてみてください」

「パスタの次のパラレルですか？　え？　皆でパスタを食べて、話をして、会社に戻ってまた仕事をする？」
「表面上はそうですね。ここでは、あなたのパラレルに関して考えましょう。
では、あなたはどうしてパスタを選ぶことにしたのですか？　他にも色々メニューはあったと
思いますが・・・」
「別に他にどうしても食べたい物があったわけじゃないし、皆で同じものを注文した方が早く
くるし、なら、それでいいかなと思って・・・ということかな？」
「何も考えていない・・・ということですね？」
「え？　いえ、考えた上でパスタにしたんですけど」
「それは表面上考えただけですね。周りに合わせることで平和を保てると思ったのですね？」
「そうとも言えますが・・・でも、それで周りと上手くいくならいいじゃないですか？」
「あなたの本当の気持ちはどうなりますか？」
「本当の気持ち？　何度も言いますが、たかがパスタじゃないですか？　何を食べるかなんて、
そこでそんなにムキになって考えなくてもいいんじゃないですか？　私もとりあえずパスタが
食べたいなと思ったのですから・・・」

「パスタが食べたいととりあえず思った・・・ということは、自分の気持ちを考えていなかったということですね。自分をある意味ないがしろにして皆に合わせたということですね」

「そうかもしれませんが、どうしてそんなことにムキになっているのですか？」

「ムキになっているのではありません。これはとても大切なことなのでしっかりと確認したいだけなのです」

「パスタを食べることがそんなに問題なのですか？」


「あなたは我慢することに慣れているとお伝えしました。自分の本当の気持ちを隠して人に合わせることに慣れすぎているのです。そうなると、常に人の意見に合わせて無意識に我慢し、従うことになります。それは先ほどの人生の話と同じことになります。人がこういう人生がいいよと勧める人生を歩んでいくことになります。

本当は自由に好きなところに旅行する生活がしたいと思っているのに、有名で大きな良い会社に入って、良い役職に就くために生きるということになります。そして、最終的に自由に旅行する人生を歩みたかったと言いながら死ぬパラレルになります。パスタのように小さなことから、どんどんそういうパラレルを創り、そのパラレルを選択していくことになるのです。

ですから、常に自分はどうしたいのかを自分に聞く習慣を持って欲しいと思っています」

「なるほど、そう言われればそうかもしれませんね」

「では、次に別の角度から考えてみてください。どうして上司がパスタにすると言うと、皆それに倣うのでしょうか？」

「え？　どうしてかな？　その方が上司の覚えがめでたい？　良い部下だと思ってもらえる？　違うものを頼むと何だかその上司に反抗的だと見られたら困るから？　色々考えるのが面倒くさいから？」

「素晴らしいお答えですね」

「嫌味ですか？」

「そうではありません。ただ、あなたが本当に自分のことを大切にしていないことが分かりました。自分のことを自分のこととして考えていないことも分かりました」

「どういうことですか？　自分のことを考えているから、ここはパスタの方がいいと思ったんですけど・・・」

「先ほどから言っていますが、あなたがあなたの意思ではっきりとパスタにすると決めたならばいいのです。あなたの好きなパラレルを創って、そのパラレルを選択したのならばいいのです。でも、あなたは自分の好きなパラレルではなく、人の意見によってパラレルを選択しました。きっと瞬時に色々なメニューを考えたと思います。パスタもあったでしょうが、サンドイッチも、ハンバーガーも、カレーも、ホットケーキもあったと思います。それぞれのパラレルを創ったと思います。でも、その中からあなたが選んだのは、自分が食べたいと思ったものではなく、上司や他の人たちと同じものを食べた方がいいという理由で、そのパラレルを選択しました。それは自分を大切にしていないということではないですか？　自分のパラレルを真剣に大切に選んでいないということになりませんか？」

「自分を大切にするという考えがなかった・・・です。人と合わせ、問題なく生きることが大切にすることだと思っていたような気がします。でも、そこで私だけサンドイッチにすると和を乱すことになり、後々仕事がし辛くなってしまいませんか？」

「そこです」

「どこですか？」

「その考え方が次のパラレルも我慢になるのです」

「例えば？」

「今の状況でお話すると、その上司はそれでいいと思ってしまいます」

「どれでいいと思うのですか？」

「上司である自分の意見に皆が従うと思ってしまうということです。きっとその上司も、自分の上司にそのようにしてきたのでしょう。だから、部下は上司に従うものだと思い込んでいると、それが当たり前だと思います。


そして、自分の意見に従わせようとします。無意識にでも圧力をかけるようになります。そうなると部下たちは我慢することになります。あなたも我慢をしなければいけない状況が増えてきます。我慢のパラレルの次には、また我慢のパラレルが続くのです。パラレルを移行しない限り、我慢のパラレルは続いていきます。我慢をすると我慢の回路が開くのです」


「じゃあ、どうすればいいのですか？　面と向かって上司に意見するなんてできません」

「それこそ、それほどのことではないと思いますが・・・私はサンドイッチにしますと伝えればいいだけのことです。それはダメだとは、はっきり言わないと思います」

「はっきり言わなくても、心の中では思っているのではないですか？」

「それはあなたには関係のないことですね。面と向かって対立して言うわけではありませんので上司も何も言えないです。そして、もしあなたがスッと自分の意見を言うことができるようになれば、他の人も自分の意見をスッと言えるようになります。そうなると、流れが変わってきます」

「流れが変わる？」

「いつも上司に従っている状況が当たり前になってしまうと、自分の気持ちを尊重できなくなります。イヤでも上司の言うことを聞かなければいけなくなってしまいます。周りも同じようになっていくとどうなるでしょうか？」

「何も言えなくなりますね」

「そうですね。もし、残業を頼まれたらどうしますか？」

「仕方なく引き受けるでしょうね、きっと」

「そのとき、仕事の後に大切な人と食事の約束があったとしても？」

「残業を断ることで睨まれたくないですし、その仕事が終わらなければ他の人にも迷惑をかけるかもしれないし、後々のことを考えるとやらざるを得ないでしょうね」

「また、後々のこと・・・ですか。まぁ、それはいいとして・・・そのとき大切な人との時間を我慢して残業を引き受けるとどうなるでしょうか？」

「上司には感謝されますね。仕事は、やりやすくなります」

「それだけで済みますか？」

「え？　どういうことでしょうか？」


「もし、そのときに上司があなたは大切な人との時間を我慢してまで残業を受け入れたことを知ったら、上司はどう思うでしょうか？」

「そんなに大切な用事をやめてまで残業をしてくれたと、もっと感謝してくれるのではありませんか？」

「そのときはそうかもしれません。でも、次にどうなると思いますか？」


「次・・・ですか？　次もまた頼まれることになる・・・とか、ですか？」

「そうです。あなたは自分のために何でもしてくれると思われてしまいます。だから、困ったらあなたに頼もうと思います。そして、また、あなたは残業を頼まれる、残業だけでなく、他にも色々頼まれることになります。上司の頼みごとを受けるたびにあなたは、何かしら我慢しなければいけなくなるのです。もしかしたら、上司は会社から部下を残業させないように言われているかもしれません。そうなると、あなたはサービス残業を求められるかもしれないのです」

「え？　それはイヤです。なら、断ります」

「断れますか？」

「何とか断ります」

「上司に盾つく部下だと思われて嫌われてしまうかもしれませんよ。今までの我慢が無駄になってしまうかもしれませんよ？」

「そんなことはないと思います。上司も分かってくれると思います」

「自分の頼みは何でも聞いてくれると思っていた、それが当たり前だと思っていた部下が、突然断ったということになったらどう思うでしょうか？　気持ちよく理解してくれると思いますか？」

「・・・今までの苦労が水の泡になってしまうのは、辛いですね」

「そうなるとまた、サービス残業でも受け入れることになりませんか？」

「仕方ないですね・・・」

「次はサービス残業で済まないかもしれません。もっと難しい、耐えられないような案件を頼まれるかもしれません。そうなっても、もう断ることはできなくなりませんか？

ここまで我慢したのだから、もうちょっと我慢すれば、上司に認められ昇進し、良い未来がくるかもしれないと思ってずっと〝未来のニンジン〟をぶら下げられて我慢していくことになりませんか？」


「上司には逆らえなくなる？　逆らったら左遷か、クビになってしまうかも・・・それは勿体ないって思うかもしれません」

「そうして我慢は続いていくのです。ちょっとだけ、ちょっとだけだから、と我慢をしていたら、我慢はどんどん大きくなっていくのです。我慢のパラレルを選択し続けると、最後まで我慢しなければいけないパラレルになってしまうのですと、私はお伝えしたいのです」

「では、どうすれば？」

「最初から人に合わせて自分の気持ちを我慢させないことです」

「最初から・・・というと・・・パスタからですか？」

「この話においては、そうですね。上司と同じものを頼むことで場が収まるという考えをやめて、自分が本当に食べたいと思う物を注文することで我慢のパラレルから、我慢しなくていいパラレルに移行できるのです。それが本当に自分を大切にする選択なのです」

「じゃあ、もし、そのときサンドイッチを食べたいと思って、それを頼んだら？　その後はどうなりますか？」

「どうなると思いますか？」

「上司に睨まれ、同僚たちも空気が読めない奴だと思うかもしれませんね。仕事がしにくくなりませんか？」

「そこなのです。その考えがそのパラレルを創り、選択していくのです」

「じゃあ、どう考えればいいのですか？」

「自分が好きな物を注文するのは当たり前だと思いませんか？」

「それは、当たり前だと思います。ただ、それができない状況もあるのですよ。実際には」


「それはあなたの考え方次第なのです。今から少し波動エネルギーの話をしたいと思います。あなたは思考することで現実を創造しています。それはお話しましたね？」

「はい。それがパラレルだと・・・」

「思考したことがエネルギーとして放出されます。それが共有のパラレルになります」

「思考したことがエネルギーになるとは？」

「あなたはエネルギーを感じますね」

「エネルギーを感じると言われても、よく分かりませんが・・・」

「さっきから言っていることとです。場の雰囲気とか、空気を読むということはエネルギーを感じているということです。場の雰囲気、空気を読んで行動しなさいという言葉は、皆エネルギーを感じているということです。ここまでは大丈夫でしょうか？」

「はい、空気を読むということはそういうことだったのですね」

「皆がパスタを注文するのは、上司がそういうエネルギーを出しているからです」

「パスタを食べろよ・・・的な？」

「そうではなく、上司の自分に合わせる、従うのが当たり前だ・・・というエネルギーです。これは上司の思考です。上司はそれが当たり前だと思っていますので、言葉に出さなくてもそういう雰囲気になります。それに共振して、周りの人もパスタにしようと無意識に思うのです。雰囲気にのまれてしまうという感じでしょうか。もし、違う上司だったらどうですか？」

「違う上司だったら、と言うと・・・」

「部下は上司に従うものだと思い込んでいない上司ならば、どうでしょうか？」

「自由に好きな物を注文できるということですか？　そう言えば、他の知り合いの会社では好きな物を注文するって言っていたような。そのときはいいなって思った記憶があります」

「それがエネルギーなのです。雰囲気、空気で変わってくるのです」

「でも、それは上司のエネルギーに左右されるのであって、自分ではどうにもならないですよね?」

「では、あなたのエネルギーが変わったらどうなるかをお話したいと思います」

「私のエネルギーが変わったら、何か変わるのですか?」

「あなたが、上司と違うものを頼むことはいけない、嫌われたりして不利になると思いながらも、でも、我慢しないぞと肩肘張った感じで、私はサンドイッチにしますと言うと、あなたのエネルギーはどういう感じになると思いますか? どういう雰囲気になると思いますか?」

「何かギクシャクした雰囲気になるのではないかと思います。変な空気が流れるというか」

「そうですね、では、あなたは自分が好きな物を注文するのが当たり前だと思っていて、何も考えることなくサンドイッチを素直に注文したらどうでしょうか?」

「ちょっと皆、ん? って、なるかもしれませんが。何も言わないでしょうね」

「あまりにスッと、普通に注文されると、何も感じないのです。ここは感覚の話になりますので説明が難しいですが、本人の中に何もなければ、他の人も何も感じないのです。

あ、サンドイッチね・・・という感じになります」

「何となく分かるような気がします」

「あなたが意識してしまうと、上司や周りにもそれが伝わります。だから、何となくギクシャクした雰囲気になってしまうのです。でも、あなたが今まで話したような面倒なことを何も考えずに、ただサンドイッチが食べたいと思って注文すると、エネルギーがスッとしていますので、他の人に何も引っかからないのです。そして、何ごともなく皆受け入れます。そして、そのエネルギーが共振すると、周りの人もそうなってきます」

「皆もそうなるということは、自分の好きな物を注文するということですか?」

「そうです。それまでは上司の顔色を窺って忖度してパスタにしなければと思っていたのに、そんなことはお構いなく注文する人がいる、そして、上司もそのことに何も感じていないと思ったら、自分もそうしたいと思うのです。そして、そういう雰囲気ができると、上司もそうなります。自分に従うのが当たり前だという考えが変わっていきます。場の雰囲気が変わると考えも変わっていくのです。

それは、あなたが創り出した場の雰囲気、エネルギーの共振になります。無理して変えようと思わなくても、あなたの考えが変わると自然に変わっていくのです。それが共振なのです。反対にあなたの考えが変わっていないのに無理に変えようとするとギクシャクして共振は起きません。だから、あなたの考えが大切になってくるのです。自然に自分が好きな物を選んで食べることは当たり前のことだと思っていたら、自然にそれが行動になって、周りにも共振していくのです。だから、上司の考えによってあなたの現実が変わるのではなく、あなたが自分の現実を変えることができるのです。そして、パスタで我慢することがなくなると、残業もイヤなら受けなくてもよくなります。上司のあなたへの印象が変わるからです」

「私の印象が変わるというと？」

「上司は、あなたのことを・・・自分の意見をしっかりと持っている人だと思います。そういう人には強制したり、圧力をかけたりしたりできなくなります。そして、ちゃんとあなたの意見を聞いてくれるようになります。尊重してくれるようになるのです」

「気を悪くするのではなくて？」

「はい、そう思ってしまうように教育されているのです。従わない人は嫌われると思わされているのです。上司もそうやって教育されてきたので、従う部下が良い部下で、従わない部下はダメだと思っている節があります。でも、実際はそうではないのです」

「違うのですか？」

「あなたが上司ならばどうでしょうか？　何も考えずに、何でもあなたの指示をハイハイと聞く部下と、しっかりと自分の意見を言う部下とどちらを信頼しますか？　しっかりと意見を言うというのは反抗することではありませんよ。自分の意見を持っているという意味です」

「私だったら、後者の方が信頼できると思いますけど、でも、そんな物分かりのいい上司ばかりじゃないですよね。従う部下ばかりを重宝する上司も多いです」

「では、もう少し考えてみてください。従う部下ばかりを重宝する上司はどうでしょうか？　それは部下を大切にしている人ですか？」

「大切に・・・ですか？　大切にしていますかと言われると、大切にはしていないかな？」

「そういう上司のもとでパラレルを創り続けるとどうなるでしょうか？」

「ずっと我慢の連続のパラレルになるということですか？」

「そうです、そして、最終的にどのパラレルになりますか？」

「もっと好きなことをしておけばよかった・・・というパラレルですか？」

「そうです。そして、何も言わず我慢して上司に従っていても、〝良い未来〟がくるかどうかは分かりません。部下を大切にしない上司は、部下の未来について何も考えていません。ちょっとでも気に食わなければその部下を切り捨てます。そのような共有のパラレルを創ることになるのです。そのような共有のパラレルを選ぶかどうかは、今のあなたの考えひとつだということです」

「なるほどね」

「余程、部下は何があっても上司に従うものだという凝り固まった考えを持っている上司でなければ、自分の意見をしっかりと持っている部下を信頼すると思います。上司と部下という会社での立場はありますが、人同士として信頼できる関係になります。そうなると、お互い我慢することもなくなります。

前にも言ったように、お互いの意見が違うときには、落としどころを話し合って見つけることができるからです。納得し合える仕事ができるようになりますので、とても快適な仕事環境になります。自分の好きな物ではなく、上司や周りに合わせてパスタを選ぶパラレルと、自分の好きな物を注文するのは当たり前だと思ってサンドイッチを選ぶパラレルとでは、全く違う方向の枝になるのです。ちょっとしたことで未来のパラレルは大きく変わっていくということなのです」

「アシュタールが、パスタだけのことではないと言ったことがよく分かりました。小さな選択が最終的に随分違うパラレルになっていくということですね」

「そうなのです。だから、一瞬一瞬の選択を真剣に考えていただきたいのです。今選択するパラレルの次には、どういうパラレルができていくのかをイメージしながら選択していただきたいのです。それには、最終的なパラレルを常に意識してください」


「何を思いながら死ぬか・・・ですね」

「そうです、そこがとても大切なことなのです。そんな先のことは考えても分かりません・・・ではなく、そこをしっかりと決めておかなければ今の選択もできないということです。ここまでパラレルワールドについて色々お話させていただきましたが、私が一番お伝えしたいことは、パラレルは特殊な世界の話ではなく、難しい学術的なことでもなく、SF映画の中の話でもなく、あなたの生活に密着したものだということです。そこをお分かりいただけましたでしょうか?」

「はい、大丈夫だと思います」

「そして、最終的なパラレルの話も理解していただけましたでしょうか?」

「はい、最終的にどう死ぬかということですね? 笑って死ぬか、後悔しながら死ぬかということですね?」

「極端な話、そうです。死ぬときのパラレルを決めることで、今どういうパラレルを創り、どのパラレルを選択すればいいかが分かります。もう一度確認させてください」

「はい、何でしょうか？」

「あなたの最終的なパラレルは楽しかったと言って死ねるパラレルですね？」

「はい」

「では、これからちょっと未来のパラレルについてお話していきたいと思います」

「お願いします」

「その前に、今のあなたの現状を把握していただきたいと思います」

□現状を把握する

「現状ですか・・・どういうことでしょうか？」

「社会的なことです。今、あなたが共振している共有意識についてお話したいと思います」

「共振している共有意識とは？」

「歴史の話をしました。縄文時代が続いている共有のパラレルもあります。明治維新が起きずに江戸時代が続いているパラレルもあります。でも、今あなたが共振しているのは、縄文時代から弥生時代に変わって、色々な変革を経て江戸時代になり、江戸時代も明治維新が起きて終わり、その後、明治、大正、昭和、平成、令和と続くパラレルの延長線上にいるということです。それよりも前、アトランティスからの延長線上にいます」

「はい、大丈夫です」


「あなたはハッピーエンドの映画を望んでいるのですよね？」

「はい、そうです。ハッピーエンド、最後に皆が笑って終わる映画を観たいと思っています」

「では、そのパラレルの方向に行くためのお話をさせていただきますね。今のままでは、そのパラレルの方向へは向かえないのです」

「今のままでは、どういうパラレルになっていくのですか？」

「これからお話するのは推測です。それはご理解くださいね」

「はい」

「今のままの方向性で自動運転してしまうと、ハッピーエンドとはまるで違う映画になってしまいます。ある意味ホラー、ディストピアの映画を観ることになります」

「ホラー、ディストピアって、例えばどんな感じですか？」

「簡単に言うと、まるで自由のない世界です」

「自由のない世界ってどんな世界ですか？」


「常に監視されます。起きる時間から、食事の時間、食事の内容、何時から何時までどこに行って、どのような仕事をするか、昼食の時間も内容も管理されます。

仕事が終わったら、すぐに家に帰らなければいけません。身体にチップが入っているので、家に居るかどうかはチェックされます。夕食の時間も内容も決められています。

お風呂の時間も細かく決められ、寝る時間も決められチェックされます。家に居ても自由に何かをすることはできません。本なども許された内容の物しか読むことはできません。もちろん管理者、権力者にとって都合のいい本だけです。テレビなどの報道もそうです。歌も自由に歌うことはできません。歌えるとしても数曲の決められた中で選ぶしかないのです。

家や職場で話をしている内容も管理者に聞かれています。そして、今のように好きな人と一緒にいられません。管理者に決められた人とカップルになるのです。そして、子どもが生まれたらすぐに管理者に引き渡され、自分で育てることはできません。子どもは管理者に都合のよい教育をされます。一切の自由はなくなります。所有することもできません。

すべて管理者からの貸与となります。食料や生活に必要な物は配給制になりますので、少しでも管理者の機嫌を損なうようなことをすれば、配給は止められます。ザッとお話するとこのような世界です」

「刑務所？」

「刑務所よりも人権はありません。人権という考えは全くありません。生殺与奪も彼らの思いのままです」

「そんな社会に向かおうとしているのですか？」

「今の流れのまま自動運転になってしまうと、そうなる可能性は高いです」

「でも、皆そんな社会はイヤだと思うのではないですか？　皆がそのパラレルに共振しなければ、そんな社会はできないのでは？」

「それが教育の成果なのです」

「そんな社会になるように、そんな社会でいいと思うように、教育されているということですか？」

「そうです。今すぐに先ほどお話したような社会になったら、さすがに皆反対します。拒絶するでしょう。でも、徐々に慣らされていったら、そういう社会が当たり前だと思ってしまうのです」

「徐々に慣らしていく・・・」

「前にもお話しましたが、学校教育を考えてください。もうすでに小さなディストピアになっていませんか？　朝から晩まで皆同じ行動をさせられます。好きでもない教科を強要され、テストされ、イヤでも椅子に座っていなければいけません。

生理的な欲求であるトイレも決められた時間に行かなければいけないのです。急に行きたくなった場合は許可を得なければいけないのです。

食事も決められた時間に、多くの学校では一斉に同じものを食べさせられます。

好き嫌いは許されず、時間内に食べなければ叱られる、皆の前で恥をかかされる、などの罰を受けます。

校則というルールが細かく決められ、何のためのルールなのかという理由は教えられずに、とにかくルールなのだから従いなさいと強要されます。ルールを破ったらまた罰を受けます。

とにかく皆と同じ行動をしなければいけない、先生の命令にはとにかく従うように教育されます。

それが当たり前だと小さな頃から刷り込まれていくのです。こうして徐々に慣らしていくことで管理されることに違和感を持たないようになっていくのです。

社会に出てもほぼ同じです。仕事の時間を決められ、その時間に間に合うように皆が動きます。そのために電車は混雑し、ギュウギュウ詰めになりながら出社します。

仕事も割り振られ、好きな仕事だけをするわけにもいかず、昼食の時間も決められているので、昼食難民などという言葉さえあります。

就業時間は決まっているのに、何故か終業時間に帰ろうとすると冷たい目で見られ、上司や同僚の顔色を見ながら帰りたいのに帰れないという状況もあります。

休みも決められていて一斉に休みを取り、どこに行っても混雑しているという状況になります。休みの日にどこかに行きたいと思えるだけでもよくて、休みの日は仕事の疲れをとることだけで終わってしまうこともあります。学校の頃と何も変わらない生活です。これが当たり前だと思わされているので疑問も感じなくなるのです」

「何か聞いているだけで悲しくなってきますね。何のために生きているのか分からないって感じです」

「それも、仕事をしなければ生きていけない、仕事をすることが庶民の義務、などと教えられているので何も感じなくなっています。

お金がなければ何もできないのだから、お金を稼ぐことが生きる目的になっています。そして、一生懸命働いて稼いだお金は、税金として半分くらい持っていかれます。それに関しても、税金は国民の義務だと教えられているので仕方がないと諦めてしまっています」

「税金ねぇ〜、本当に酷いことになっていますね。税金を何に使っているかさえ分からないのですから」

「税金に関しても、どんどん増やしていきます。少しずつ色々な名目で増やしていきますので、目に見えてないので分からないのです。そして、国民のために使っているのです、何か起きたときに政府が手を差し伸べるために集めているのです、という言葉を鵜呑みにして、せっせと働いて納税していくのです。これも、学校教育の頃から教えられてきたことです。

義務ですと言われると何も考えずに仕方がないですねと思うのです。そして、学校の先生の命令には従順になるように教育されているので、社会に出ても権力者や有名な人の言葉にも何も疑問を持たないのです。もうこの時点で相当なディストピアなのですが、自分がディストピアに居るということも気がつかないのです」

「でも、そろそろ気がついてもいいのでは？」

「それが巧妙な手なのです」

「巧妙な手？」

「強制されているのではなく、自分が自ら進んでしていると思うようにされているので、自分がどのような境遇にいるのか分からないのです。自分が選んだことだから、自分が考えてしたことだからと思うようにされているのです。これも学校教育で選択問題ばかりをやらされてきた弊害なのです」

「その話は前にも聞いたことがあります」

「自分で選んでいるように見せかけ、実は選択させられているということに気がつかないのです。与えられた選択肢の中から選ぶということは、自分では考えていないということです。考えているつもりで、考えていないのです。与えられた選択肢の中から、まだマシなものを選ぶということです。選択肢を与えられ、尚且つ、その中で正解を決められるのです。選択肢の中に正解があって、その正解を答えるということです。

それは何も考えなくていいということです。答えを覚えればいいのですから。だから、何も考えなくなってしまいます。反対に自分で考えてしまうと、正解とは違う答えになってしまってテストで落第点を取ってしまうことになります。それでは叱られます。ちゃんと勉強しなさいと叱られ、再テストを受けさせられます。だから、何も考えずに答えだけを覚えることになるのです。

選択肢を提示され、その中で正解とされるものを答える・・・ということを繰り返しやらされるのです。それが今の社会です。そうやって何も考えずに権力者の命令に従順になる人々を育てていくのです。そうなると個人のパラレルはどうなるでしょうか？」

「自分で考えることをしないわけですから・・・同じようなパラレルばかり創るということですか？」

「パラレルは考えるからできるのです。考えることがパラレルになり、その中で自分の選択することが現実になるのです。それは何度もお伝えしています。

では、自分で考えられないとどうなるでしょうか？」

「人が提示する考えでパラレルを創る？　そうなると、似たようなパラレルばかりになるし、選択するパラレルも好きなパラレルではなく、その中でまだマシと思えるものを選択する・・・

から、自分の本当のパラレルは創ることができない・・・ということですか？」

「そうですね。自分の現実を自分で創ることができなくなるのです。

いいえ、自分で創っているのですが、自分の思う現実にはならないということです。

だから、あなたたちはいつも自分の現実に文句を言うのです。

思い通りにならない、楽しくないことばかり起きる、人生はままならないなどと文句を言うのです。それは、自分の考えでパラレルを創っていないからなのです。自分が創りたくて創ったパラレル、現実ではなく、教えられた考えで創っているので、自分が満足できる現実にならないのです」


「何となくは分かるのですが、具体的にどのような現実のことか教えていただけますか？」

「どのようなというか、ほとんどすべてがそうですね。

先ほどのパスタの件を思い出してください。上司と同じものを注文するということもそうです。

上司には従うものだ、皆と合わせる方がいいという考えがあるから、自分が食べたい物を注文しないで、上司や周りの人と同じものを注文し食べるという現実になるのです」

「あ〜、そうでした」

「甘いものが食べたいと思います。頭の中には沢山の甘いものが浮かんできます。あれも美味しそう、これも美味しそうと沢山のパラレルを創ります。どうしよう、何にしようと楽しく考えます。その中から何を選ぼうかなって思ったときに、甘いものを食べると太る、砂糖類は身体に悪い、糖尿などの病気になるという刷り込みの考えが浮かびます。そのとたんに、食べないという選択肢ができます。色々楽しんで創ったパラレルと食べないというパラレルの中で正解を求めます。

自分の素直な気持ちではなく、正解を求めるのです。正解とは、食べないという選択です。有名な人、専門家が言うこと、常識が正解になるのです。正解を選べた自分は偉いと思ってしまうのです。自分の考えで甘いものを食べることをやめたと思ってしまうのです。

それが教育で刷り込まれてしまった考え方です。

こうして食べたかった甘いものを食べることができない現実になり、人生はままならないと思うのです。自分で決めたのに、自分で創った現実なのに、人生は思い通りにならないと嘆くことになるのです。そして、ずっと甘いものを食べたいと思いながらも食べられない現実を繰り返すのです。もし食べたとしても食べてしまったと後悔したり、食べてしまったことに罪悪感を持ったり、誘惑に弱い自分を責めたりして、楽しくない現実に繋がっていくことになります。

今はとても簡単な例で話しましたが、ほとんどがこのような経緯をたどって、自分の思い通りにならない現実を創って文句を言っているのです。それも自分で考えたと思っているので困るのです。自分で良い判断をしたと思っているのでパラレルを移行することができないのです。ここでもう少し考えることができれば移行する可能性が出てきます」

「どういうことですか？」

「太るから食べないと思って食べないことを選択した場合、どうして太ってはいけないのか？と疑問を持つことができれば、自分の考えを知ることができます。本当に自分で考えて選択したのか、誰かの言いつけや意見を正解だと思って選択したのかが分かります。どうして太ってはいけないのか？　太るとどうなるのか？　そもそも甘いものを食べると太るというのは本当なのか？　と色々考えることができます。考えると自分で調べることができます。調べると自分の正解が分かります。今まで人の言葉を正解だと思って何も考えずに従ってきたけど、それは自分にとってどうなのか？　と考えることができます。ここがパラレルの大きな分岐点になるのです」

「でも、実際問題、甘いものを食べると身体に悪いということはありますよね？　太りすぎると病気になる確率は上がるし、それは正解なのではありませんか？」

「それがそもそも刷り込まれた考えなのです。どうして甘いものが身体に悪いのですか？　どうして病気になるのですか？　どうして甘いものを食べると太るのですか？」

「どうしてって言われても・・・」

「偉い人が言ったから・・・ですか？　昔からそう言われているから・・・ですか？　常識だから・・・ですか？　科学的なデータがあるから・・・ですか？」

「科学的に、医学的に、そうだと言われているので・・・」

「科学的にそうだということは、全人類皆に当てはまるということですね？　すべての人は甘いものを食べると太るし、病気になるということですか？」

「それは極端な話ではないですか？　皆がそうなるとは限りません。ただ、そうなりやすいということです」

「では、あなたにはその科学的なデータが当てはまらないかもしれないのではないですか？　ならば、いいじゃないですか？　食べれば・・・」

「でも、もしかしたらデータに当てはまるかもしれません、そういう体質かもしれません。だから、甘いものを食べるのはリスクが高い、だから、食べるのをやめておこうという選択は正しいのではないですか？」

「まず、科学的なデータが絶対に正しいという証拠はあるのですか？」

「科学的なデータはちゃんと何度もテスト、実験を繰り返して出しているのですから正しいのではないですか？」

「ではどうして結果にバラツキがあるのでしょうか？」

「バラツキとは？」

「先ほども言いましたが、そのデータは全人類に当てはまりますか？　ということです」

「ですから、それは個体差などもありますから、全人類とは言えないですよね」

「ならば、正解ではありませんね。正しいとも言えないですね」

「でも、平均的な考えでは正しいのでは？」

「平均的な考えでは正しいは、正解とは言えないのです。

すべての個体において同じ結果が出るならば正解と言えるかもしれませんが、結果にバラツキがあるならば、それは正しいデータではないのです。ここがまたあなたたちが陥ってしまっているところなのです。

科学万能と言われ、科学的に証明されているからという言葉で、何でもすぐに受け入れてしまう教育をされているのです。個性はそのようにデータで表されるものではないのです。

そして、また話が戻りますが、あなたは自分でパラレルを創造して、その中から選んだ現実を体験しています」

「はい」

「では、自分で甘いものを食べると病気になるという考えを持っていたらどうですか？」

「え？　甘いものを食べると病気になると思っていたら、そういうパラレルを創るということになるということですか？」

「本当にそれを信じていたら、そういうパラレルばかりを創ることになります。病気になるパラレルを創ります。軽い病気になるパラレルか、重い病気になるパラレル、どちらを選びますか？　ということになるのです。

甘いものを食べる頻度によって、パラレルも変わってきます。甘いものを食べると病気になるという考えだと、沢山食べると重い病気になるパラレルを選ぶし、少しだと軽い病気になるパラレルを選ぶ。どちらにせよ、病気になるパラレルを選ぶことになります。

太るという考えも同じですね、太ると思っていたら太るパラレルばかりを創ります。そして、どのくらい太るかという選択をするだけのことです。同じように甘いものを食べていても太らない人は太りません。それは、自分は太らないと思っているから太らない現実を選択するのです。

結局は、あなたの世界なのです。あなたが何をどう考えるかであなたの世界は決まるのです。あなたの世界は幻、ホログラムなのですから、あなたの好きに創ることができるのです」

「でも、体質ということもありますよね？　太る体質、太らない体質、それはパラレルとは関係ないのでは？」


「体質とよく言われますが、体質とは何でしょうか？」

「似た傾向の身体？　ですか？　太る体質の家族とかいますよね？　病気になりやすい家系とか、癌家系とか、糖尿の家系とか・・・」

「それは考え方が似ているからです。同じ家族でも太らない人もいませんか？　癌家系と言われる家族は皆すべて癌になりますか？　体質ならば、どうしようもないのではないですか？　でも、なる人とならない人がいるのはどうしてでしょうか？」

「たまたま、その家系の遺伝を受け継がなかったから？」

「それはおかしい話ではないですか？　兄弟は同じ遺伝子を持っています。同じ両親から生まれたのですから」

「そう言われれば、そうですよね。どうして違うのかな?」

「太る体質の家系というのは、考え方が同じだからです。自分は太る体質だからと思っている人たちが集まっているのです。というか、子どもの頃から両親や周りの大人たちから、太る家系なんだから、太りやすいのだからと言われて育ちます。だから、自分は太ると思い込むのです。そして、同じような食べ物を好みます。一般的に太ると言われるものを好むので、私は太るという考えになり、実際に太るという現実を選択するのです。同じ家族でも太らないということを選択した人は、同じような食べ物を食べていても太らないのです。病気の家系も同じです」

「甘いものを食べると、太ったり、病気になりやすいと刷り込まれているから、そういうパラレルを自分で創って、そういうパラレルを選択するから、そういう現実を体験するということ?　・・・全部そうですか?」

「あなたたちはほぼそうです。ほぼ、刷り込まれた正解を選択し続けるように教育されているのです。あなた自身の正解ではなく、正解だと教えられた正解を選択するように誘導されているのです」

「何だか・・・これから先、どうしたらいいか、どう考えたらいいか、分からなくなってしまいますね」

「ですから、ここが分岐点だとお伝えしたのです。今までのように無邪気に教えられた正解を探すのではなく、本当にそれが正解なのかどうかを考えるようにするのです。そうする習慣ができれば、刷り込まれた正解を選ぶのではなく、自分の正解を選ぶことができるようになります」

「自分の正解を選ぶことができると、自分の好きな現実を創ることができる・・・と言われても、理屈では分かるのですが、でも、どうしてもままならないこともあります。どうしても自分の思い通りにならないこともあるのですが、それはどう考えたらいいのですか？」

「例えばどういうことが、ままならないと思いますか？」

「やっぱり病気ですか・・・」

「病気に関してもお話しました。病気になりたくなければ、病気にフォーカスしないでください。病気になることを怖がらないでください。そうすれば病気になることはありません」

「でも、実際に病気になりますよね」

「本当に病気にフォーカスするように誘導されていますね」

□病気にフォーカス

「病気にフォーカスするように誘導されているのですか？」

「そうです。病気にならないようにするにはどうしたらいいか？　健康であり続けるためにはどうしたらいいか？　病気にならないためにこうしなさい、これを飲みなさい、検診に行きなさい・・・という情報に溢れていませんか？　それが病気に誘導されているのです」

「でも、それはいいことなのではないですか？　健康でいるために気を付けるのは大切なことなのではないですか？」

「健康が当たり前なのです。でも、健康でいることが特殊なことだと思わされているのです。いつも病気に怯えるように誘導されているのです。何も症状がないのに、定期健診に行きなさいと言うのも病気への誘導です」

「定期健診は受けた方がいいのではないですか？　病気は早く見つけた方が早く治りますし」

「症状がないのは健康だからです。健康なのに何故わざわざ病気を探しに行かなければいけないのですか？」

「早期発見ですよね、症状が出てからでは、もう手遅れになったりしますから」

「まず、そこからおかしいと思いませんか？」

「どこからですか？」

「身体の不具合は何故起きると思いますか？」

「病気になるからでしょう？」

「病気とは怖いものですか？」

「そりゃ怖いですよ、痛いし、苦しいし、下手すれば死んでしまうし。できればそんなことになりたくないですね」

「病気という症状が出るのは悪いことでも、怖いことでもありません。それは必要なことなのです」

「病気は必要なのですか？」

「病気が必要なのではなく、症状が必要なのです。身体が必要とする症状を病気と呼んで怖がっているのです」

「ん？　よく分からないのですが・・・病気の症状は身体が必要としているということですか？　どうして？」

「身体を治すためです」

「身体を治すために病気になるのですか？　病気だから治すのではなく？」

「身体に出る症状は、病気だから出るのではなく、不調を治すために出るのです。下痢は病気ではなく、身体の中に入った毒を排出するために起きている症状です。熱も身体に入った毒を無毒化するために起こしているのです。足をくじいて腫れるのもコルセットのように動かさないようにです。身体がだるくなるのは、身体を動かさずに治癒にエネルギーを使うためです。

身体の症状には意味があるのです。身体を治すために起きている症状です。だから、怖くないのです。怖いどころか、それが起きることで治るのです。

でも、あなたたちは病気を死と直結するような考えを持たされてしまっているのです。病気になったら死んでしまうとすぐに考えるようになってしまったのです。

だから、病気を必要以上に怖がるのです。症状がないときは健康なのです。早期に発見するなどできないのです。だって、何も不調がないのですから、発見するも何もないのです」

「でも、数値が悪いとか、症状が出たときにはもう手遅れだったなどの話を聞きます。それはどういうことですか？」

「数値などはいくらでも操作できます。人の身体は先ほども言いましたが個性があります。そして、数値は科学、医学のデータで証明されているとされていますが、すべての人に当てはまるものではありません。そして、平均値にもなっていないのです」

「何故？　そんな操作みたいなことをするのですか？」

「医療はビジネスですから、あなたを怖がらせて検診を受けさせ、数値上病気です、もしくは病気になりそうですと言って、薬を飲ませ、治療をすれば儲かるからです。ある意味、症状もないのに、病気だと言っているのです。

そして、最終的に死を怖がります。死は恐ろしいものとして随分怖がらせられてしまっているのです。死ぬときは死にます。死なない人はいないのです。そうですね？　どなたか縄文時代やもっと前から生き続けている人をご存じですか？」

「いいえ、そんな人はいないです。多分・・・私が知っている限りでは・・・」

「いないのです。多少長生きしている人はいますが、ずっと生き続けている人はいません。死は当たり前のことなのです。死があるから面白い人生を生きることができるのです。限りがあるというのは楽しいことなのです。限りがあるから、その間どう生きようかと思えるのです。限りがあるという世界を選んだのもあなたなのです。

そして、前にもお話しましたが、死んだ後は、今のあなたの外のあなたに戻るだけです。外から画面を観ているあなたの意識に戻るだけなのです。その後のことはもうお話ししたのでお分かりだと思います。

ですので、死ぬことは何も怖くないのです。天国も地獄もありません。今の生き方に関して誰かに良い人生だったとか、悪い人生だったとか判断されたり、罰を受けさせられたりすることもありません。そして、あなた自身が居なくなることもないのです。何も怖くないのです。死ぬときは痛くも苦しくもないのです」

「本当に死に対して怖がらせられているのですね。でも、どうして?」

「死ぬこと、死んだ後のことを怖がらせておけば、コントロールしやすいからです。

病気を怖がるのは死を怖がるからです。もちろん苦しいのはイヤ、痛いのはイヤだという気持ちもありますが、先ほどの病気と言われる症状が、身体を治すために起きていることを理解できれば、病気も怖くなくなります。でも、病気も死も、あなたたちが怖がらなければ困る人たちがいるのです。あなたたちを自分たちの世界に囲い込みたい人たちがいるのです。その人たちは今の流れを続けたいのです」

「ディストピアの話ですか？」

「そうです。彼らはディストピアを創りたいのです。彼らから見ればユートピアですね。何から何まで生活の細かいことまですべてを掌握したいのです。人々を彼らの管理下に置き、管理したいのです」

「どうして？」

「彼らは破壊的な音なのです。絶対無限の存在の音にも色々な個性があるとお話しました。破壊的なことを好む個性なのです。破壊的なことを好む個性は競争や破壊、他者を支配したり、コントロールすることを好むのです。
前にもお伝えしたように破壊的な音を持っていても、それを創造に使う個性もいます。でも、彼らは創造ではなく破壊、支配を好むのです。今のあなたの社会はその存在たちによって支配されているのです。管理されているのです。だから、自由ではないのです。何度も言いますが、身体はとりあえず自由であっても、考え方が自由ではないのです。彼らにとって都合のいいように考える教育をされているのです。彼らが提示する選択肢の中から、彼らが正解とする答えを選ぶように教育されているのです。

だから、パラレルを意図的に移行しようと思わないとそのまま彼らの思い通りにパラレルを創り続け、彼らの思い通りの共有のパラレルに共振し続けることになります」

「そのまま刑務所よりも酷いディストピアを選択していくということですか?」

「そうです」

「そう言われても、一体何をどうしたらいいのか分からないのですが・・・」

「今、あなたたちの社会で起きていることはすべて彼らのユートピア、あなたたちにとってはディストピアに繋がっていきます。それは彼らが意図的に起こしていることなのです。彼らはひとつの大きな政府を創って、世界中の人々を管理し、支配し、彼らの好きなようにコントロールしたいのです。世界統一政府を創りたいのです」

□世界統一政府

「世界統一政府・・・なんだか、ＳＦ映画の世界のようですね。子どもの戦隊ものにもそんな悪の組織がありましたけど・・・それを実際に創ろうとしているのですか？　なんか、にわかには信じられないです。まさか、そんなことを本気で考えている人たちがいるなんて・・・」

「破壊を好む人たちがいるのは分かりますね？　破壊を好む人たちは本気で考えているのです。ただ、あまりに規模が大きいので、信じられないだけです。子ども番組やＳＦ映画などは、彼らの計画を隠すために使われているのです」

「どういうことですか？」

「私が話しているようなことを誰かに話したらどう思われると思いますか？」

「え？　さっき私が思ったように思うと思います」

「そうですね、何をバカなことを言っているのですか？　映画の観すぎですよ、子ども番組を信じてどうするのですか？　頭おかしいのでは？　などと言われるのがオチですね」

「そうですね。まぁよくて、陰謀論と言われておしまいですね」

「それが目的なのです。彼らの計画を実際にはあり得ない話としておけば、彼らの本当の狙いは煙に巻くことができます。

ただ、もう一度お伝えしますが、破壊的な音、破壊的なことを好む個性が悪いと言っているのではありません。彼らが一方的に悪いと言っているのではありません。その彼らとあなたが自分でラインを繋げているから、共有の世界の体験をしているのです。ディストピアも面白そうって思って、ラインを繋げて遊んでいるのです。外側のあなたはそれも楽しんでいるのです。だから、共有の歴史の線上を選んで体験しているのです」

「それは、外側の私は知りませんが、今の私はイヤです。そんな世界は絶対にイヤです」

「ならば、彼らとのラインを切ればいいのです。彼らの進めている共有のパラレルの共振を切ればいいのです。共有のパラレルから違うパラレルに移行すればいいのです」

「アシュタールは簡単に言いますが、どうやって切ったらいいか分かりませんよ。具体的に教えてください」

「簡単に説明すると、今起きている、起こされている騒動はすべてディストピアへの道だということです」

「全然簡単じゃないのですが・・・」

「道は一本ではありません。沢山の道が創られています。それぞれの道の先がひとつの目的地に繋がっているのです。例えば、コロナ騒動です」

「コロナ騒動もディストピアへの道なのですか?」

「それは顕著に分かると思います。コロナ騒動で何が行われましたか?」


「何が・・・でしょうか?」

「まず、世界で一斉に同じことが行われたことに違和感はありませんか?」

「でも、コロナウイルスに国境は関係ないですよね。どこでもコロナは発症しますから・・・」

「今までにそのようなウイルスはありましたか? 世界で一斉にウイルスによる症状が起き、国関係なく同じ対策が行われた、それも政府はかなり強硬に人々に強制していきました。このようなことがありましたか?」


「なかったと思いますが・・・でも、それだけ恐ろしいウイルスだったということではありませんか?」

「本当に致死率の高いウイルスならば、世界中に広がることはありません」

「それはどういうことですか？」

「致死率の高いウイルスならば、すぐに宿主は死んでしまいます。発症すればどこにも行けません。どこにも行かなければ他の人と接触することもありませんので、ウイルスがばら撒かれることもないのです。ウイルスがばら撒かれ、どんどん広がっていくことなどないのです」

「ということは、コロナはそんなに怖いウイルスではないということですか？」

「コロナは彼らが作った概念です」

「概念？　ウイルスではないのですか？」

「ウイルスがあるという前提で作り上げた概念なのです。最初は強毒のウイルスが発生し、至るところで人から人へと感染し、感染した人はバタバタ倒れていくという話でしたね？」

「そうでした」

「そうなりましたか？　あちこちに倒れている人がいましたか？」

「沢山の人が感染しましたが・・・」

「感染したというニュースを見ただけではありませんか？」

「でも、コロナで亡くなった方も沢山いらっしゃいますが・・・」

「本当にコロナウイルスによって亡くなったかどうかは分からないのでは？」

「でも、コロナで亡くなったというニュースが沢山流れていましたが・・・」


「風邪という病気は知っていますか？」

「風邪は知っています。私も何度も罹りましたけど、それとコロナと何か関係が？」

「コロナウイルスというのは風邪と同様です。風邪で亡くなる方はいらっしゃいません。風邪に罹って亡くなる方はいらっしゃいますが、風邪が直接の原因ではないことは分かりますね？」


「まぁ、何となくは・・・体力がない人は風邪でも死ぬと言われていますね」

「それと同じです。コロナウイルスが直接の原因で死ぬのではなく、自己免疫力や自己治癒力、体力が落ちている人は、肺炎などの合併症を起こして亡くなるのです。コロナウイルスが原因ではないのです」

「でも、今回のコロナウイルスは新型のウイルスなので、風邪ではないですよね？」

「それが概念なのです。怖いウイルスだということばかりが強調されたのです。新型の大変、感染力の強いウイルスだと強調し、病気、死を怖がっている人々を誘導していったのです。最初は死亡率が高いと言っていたのに、感染力が強いという表現に変わっていったのはご存じですか？」

「確かに、コロナウイルスに関してはどんどん情報が変わっていったのには、違和感を覚えましたね」

「とにかく怖がらせることが大切だったのです」

「そんなに怖がらせて、どうしたいのですか？」

「怖がれば、人々は言うことを聞くからです。専門家と言われる人たちが対策を打ち出し、それに従えば恐ろしいコロナから身を守ることができると人々に思い込ませたのです。怖いという雰囲気を作りだし、何が怖いのか分からないけど、とにかく怖いと思うように人々を誘導したのです」

「そう言えば、結局何が怖いのか分からなくなっていましたね」

「それがコロナウイルスという概念なのです。怖いと思い込んだ人々に彼らは何を提示してきたでしょう？」

「コロナ対策ですか？」

「そうです。どのような対策を提示しましたか？」

「消毒、マスク、ソーシャルディスタンス、自粛などですか？」

「はい、それはどこに向かっていると思いますか？」

「どこに？」

「すべての対策が規制ではなかったですか？」

「それは仕方がないでしょう・・・怖いウイルスが流行っているのですから、ある程度の規制は必要だと思いますが・・・規制しなければウイルスの拡散が起きてしまいます・・・」

「それがもう彼らの誘導に自らはまっているということです。もし、本当に怖いウイルスだと肌で感じるのであれば、誰かに規制されなくても人々は家から出ません。規制されないと人々が歩き回るということは、怖いウイルスだと思っていないということです。そうではありませんか？」

「そう言われれば、確かにそうですね。本当に町で人がバタバタと死んでいったなら、絶対に外に出ようとは思わないですよね」

「人々は肌感覚では怖がっていないのです。でも、怖いという概念を刷り込まれてしまったので、疑問を持つことなく、彼らの提示した対策を受け入れたのです。マスクもそうです。マスクでウイルスは防げないと国も言っています。国はダブルスタンダードを使ったのです。マスクをすれば防げると言いながら、マスクでは防ぐことができないとも言っているのです」

「どうして？」

「あとで責任を負いたくなかったからです。マスクはさせたいけど、マスクを強要すると、人々がマスクに効果がなかったと分かったときに責任を負わなければいけない。だから、義務ではないけど、できるだけ自分の判断でつけてくださいと、逃げ道を作っておいたのです。提示した選択肢の中でどれが正解か、自分で決めてくださいと言ったのです。でもその選択肢も彼らが提示したものです。自分で考えているように思わせ、実は彼らの思う通りに考えるように誘導したのです。あなたが自分で決めたことだから・・・という態度をとったのです」

「どうしてそこまでマスクをさせたかったのですか？」

「人々を慣らすためです」

「また、慣らす・・・ですか？　人々を何に慣らさせたかったのですか？」

「マスクだけではありません。コロナの対策は、すべての人々が国、権力者に従うようにするための練習なのです。管理されること、指示されること、それに従うことに慣れさせるためなのです。

そのためには、人々が怖がっている病気、死を使ったのです。病気になりたくなかったら、死にたくなかったら、マスクをしなさい、消毒をしなさい、人と触れ合ってはいけません、距離を取りなさい、話をしてはいけません。舞台やスポーツ観戦、音楽もダメです。お酒も飲んではいけませんと、沢山の楽しみを取り上げたのです。どこまで人々が彼らに従うかの実験をしたのです。

そして、怖いと思う気持ちが強くなると、何も考えなくなるということも分かりました。どんなことでも我慢し、従うと分かったのです。そして、自分はどうなってもいい、楽しみたいと思う人が出てくると、どういう言葉を使えば効果的かも試しました。そこで一番効果があったのが、大切な人を守るためにという言葉だったのです。自分のことだけなら我慢などしないと思う人も、大切な人を守るためには我慢するしかないと思って従うようになったのです。

特にこの言葉は、日本の人たちには有効でした」

「なんだか腹が立ってきました。あの規制は、そういうことだったのですね。おかしいと思っていたんですよ。人と喋るな、距離を取れ、ピラピラした何の意味もなさないビニールをぶら下げたり、あげく、二〇時以降は外に出るな、飲食店も閉店するように・・・ですよ。二〇時以降にコロナが活発化するのですか？　それまではコロナは感染しない？　人と距離を取れって言いながら満員電車はそのまま乗ってもいい、おまけに庶民には外出もお酒も自粛しろ、って言っているのに、そのために飲食店が辛い目に遭っているのに、政府や専門家たちは夜遅くまで飲み会をしていたりする・・・ものすごく都合のいいウイルスだなって思ってましたよ。矛盾ばかり感じました」

「きっと多くの人も疑問に思っていたはずです。でも、ニュースなどで連日、怖い、怖いと連呼されると本当に怖いと思ってしまうのです。自分はそんなに怖いと思わないけど、それは自分の認識不足であって、本当は怖いのだろうと思おうとしたのです。怖いと言わないと、マスクをしないと、変な人だと思われてしまうという心理も働いたのです。その上に数字で煽られました」

「数字で煽る？」

「人は数字で見せられると信用するように教育されているのです。数字は嘘をつかないと思わされているのです。だから、科学的な結果も数字を出されると無邪気に信じますし、医療の数字も信じます。数値が悪いから病気だと思って治療を受けるようになるのです。でも、数字はいくらでも操作することができます。

これは余談ですが、四十年ほど前は高血圧という判断は、一八〇以上だったのです。でも、最近は一三〇以上から高血圧と判断され、治療を受けるように言われます。

人の身体はそんなに変わりません。数字だけが変えられたのです。このように数字は操作することができるのです。

話を戻しますが、毎日テレビで感染者数、検査での陽性者数をこれでもかと流されれば、数字だけで信じてしまうのです。その数字が感染者なのか、陽性者なのかも考えることなく、数字が高くなれば怖がり、低くなっても不安に感じるという不思議な現象が起きていたのです。

検査の仕方にも問題がありました。でも、この検査は正しいと言われ、それを信じたので数字で右往左往したのです。

そして、さっきの話ですが、死亡した原因が交通事故であっても、死亡後に検査したら陽性だった。だからコロナで死亡したことにしたのです。医療機関がコロナで死亡したと言えば、コロナで死んだと報道されます。そのような事実は知らされず、報道機関がコロナの死者数を流せば多くの人が直接コロナで死んでいると思い、また怖がるのです。すべて雰囲気作りです。コロナという恐ろしいウイルスが流行っているという雰囲気を作りだせば、人々は何でも従うように誘導されたのです」

「じゃあ、コロナ騒動って、一体何だったのですか?」

「彼らの自作自演です。マッチポンプですね」

「自作自演・・・ですか・・・」

「そうです。自分たちで原因を作っておいて騒動を起こし、人々を怖がらせ、それに対して解決策を提示するというやり方です。それによって、自分たちの都合のいい方向へ人々を誘導するのです。

今回は、それがとても上手くいったのです。はっきり言って、彼らもここまでとは思っていなかったと思います。世界中の人々が彼らの提示する解決策に従ったのです。

というより、従わされたと言った方がいいと思いますが」

「それはどういうことですか?」

「世界中の国のトップの人たちが従ったということです」

「世界の国々のトップの人たちがどうして従うのですか?」

「もちろん従わなかったトップもいますが、その人たちは排除されました。命を落としたり、トップの座を追われたりしたのです」

「どうして？」

「あなたたちを支配している人たちの目的は、世界をひとつにすることです。良い意味でのひとつではなく、ひとつの大きな統一政府を創ることです。世界統一政府です。すべての人を少人数の人が徹底的に管理できる社会です。そのために作ったのがパンデミックというマッチポンプなのです。

そして、今の世界のほとんどのトップの人たちは、本当のトップの人たちに命令されているのです。彼らに従わなければ自分たちの地位も命も危ないのです。そして、従えば良い思いもできるのです。だから、世界で一斉に同じウイルスが流行、同じ対策がなされました。

日本はまだそんなに厳しくなかったのですが、他の国では強制が横行しました。ロックダウン、都市封鎖をして、強制的に家に閉じ込められたのです。反抗すれば逮捕され、収容所に送られることもありました。

日本は憲法があり、人権が守られるという建前もありましたので、そこまで強制することはできませんでしたが、そこまでしなくても人々が自ら進んで彼らの指示に従ったのです。政府が強制しなくても、同調圧力で庶民同士がお互いを監視し合うということになったのです」

「確かに、お願いという言葉ひとつで強制と同じことになりましたね。義務ではないけど、努力義務などという変な言葉もできました。それに従わない人たちは、国や政府ではなく、同じ庶民から白い目で見られたり、店にも入ることができず買い物もできないような状態にもなりました。飛行機も乗れなかったし・・・意味が分からないと思ったことが沢山あります」

「それも、何度も言いますが、学校教育の弊害なのです。

こうして世界の国のトップが手を結び、同じような政策を強要し、人々から自由を奪い、管理されることに慣れるようにされていったのです」


「でも、海外の国では抗議運動が沢山起きました。これは人々が国の政策を拒否したということでは？　その国は上手くいかなかった？」

「抗議活動は沢山起きました。でも、結局はその人々の声は押し潰されました」

「え？　そうなのですか？」

「ある国では、抗議活動を潰すために、その抗議活動をしている人たちを調べ、その人たちの銀行口座を凍結して生活できないようにしたのです。結局は国の力の方が強いと見せつけたのです。どんなに抗っても国には負けると見せつけたのです。国にとって一部の人たちの抗議活動など怖くないのです。

こうして日本だけでなく世界中で監視、管理がきつくなっていきました。そして、政府、国、権力者におもねると良い思いができるけど、それに反抗すると痛い目に遭うということになって、人々を分断させたのです。

彼らは、何よりも人々が繋がることを嫌がります。ですから、人々を分断、孤立させたいのです。そのために、コロナ騒動で人との距離を取らせたり、お互いウイルスの感染者ではないかと疑心暗鬼にさせたりしたのです。人を見るとウイルスをうつされるのではないかと思い、ちょっと咳が出たら、誰のせい？　誰にうつされた？　と犯人捜しをしたりするようになりました」

「本当にイヤなことがありましたね。どこかで感染者が出たら、周りの人も隔離されたりして迷惑をこうむるということで、感染していると言われると、周りから白い目で見られ、つるし上げられるということもありましたね。特に芸能人などがやり玉に挙がって、ちょっと体調を崩しただけなのに謝罪させられることもありました。今までなら病気になったら心配してもらえたのに、今度の件では病気になるとさんざん叩かれるというイヤな世界になったのです。

思いやりという言葉が、本当に嘘くさく感じましたね」

「それも彼らが望んでいる世界、ディストピアの一面なのです。誰も信じることができない、周りは敵だと思わせることで、庶民が手を繋ぐことがなくなります。庶民に手を繋がれてしまうと、彼らの支配が上手くいかなくなるのです。庶民の方が数は多いし、実際に社会を動かしているのは庶民なのですから、庶民がそれに気づき、自分たちで何でもできると分かってしまうと、彼らの脅しが効かず、支配することができなくなるのです。だから、彼らは人々を分断しようとするのです。ウイルス騒ぎでかなり人々の分断が進んだのはお分かりになると思います」

「はい。マスクをする、しない、だけのことで大きな分断が起きましたね。マスクだけでなく、他にも沢山の分断、差別的なことも起きました。もうこんな殺伐とした世界はイヤです。どうしたらこのパラレルから移行することができますか？」

「移行するには、真実を知る必要があるのです。今、あなたが置かれている状況、共振している共有のパラレルの実態を知らなければ、移行するパワーが出ませんので、もう少し彼らの計画の話にお付き合いください」

□移行するパワー

「移行するパワーのために・・・」

「そうです。パラレルを移行するには、パワーが必要なのです。自動運転は、何も考えなくていいので楽なのです。違う方向へ移行しようと思うと、いつもと違うことをしなければいけません。考え方、行動も変えていかなければいけないのです。それは面倒なことですし、違う方向に行くのには恐怖も感じます。だから、できるだけそのままのパラレルに居たいと無意識に思うのです。だから、パラレルの方向を変えるには強い意志が必要になります。ここには居たくないという、心の底から突き上げてくるような感情が必要なのです。そのパワーがないとなかなか移行できないのです。ですから、このような話をしています。

この社会の共有のパラレルに共振していくとどうなるのかを知ることで、移行したいと思うパワーを持っていただきたいのです。この先のパラレルを少し予告編で見ていただきたいのです」

「そういうことですか・・・確かに、生ぬるい気持ちでは、この世界との共振は切れそうにないですね。ならば、移行するために次のパラレルの予告編をもっと教えてください」

「分かりました。あなたにとってあまり聞きたくない話になると思いますが、私は怖がらせるためにこのような話をしているのではなく、移行するパワーを出すために話しているということをご理解くださいね」

「もちろんです。私がお願いしているのですから」

「コロナ騒動には、もうひとつの狙いがあります」

「人々を怖がらせ管理に慣らすのと、分断する以外にもまだあるのですか？」

「彼らは人間を変えようとしています」

「人間を変える？　どういうことですか？」


「ムーンショットという言葉を聞いたことがありますか？」

「日本の行政機関である内閣府が最近出してきたものですね。確か、二〇五〇年までに、人が身体、脳、空間、時間の制約から解放された社会を実現するとか、何とか・・・何度読んでもよく意味が分からないのですが」

「簡単に説明すると、人間と機械を合体させようとしているのです。最初は人間が機械を操作し、便利に使うということから始めますが、彼らが目論んでいるのは人間自体を機械にすることです」


「人間を機械にするって？　本当にＳＦの世界ですけど、そんなことできるのですか？」

「しようとしているのです。そして、もうひとつ、ムーンショットと同じようにメタバースという言葉も聞いたことがあると思います」

「メタバースって、仮想空間のことだと聞いたことがあるのですが・・・」

「仮想空間で遊ぶということです。彼らはあなたのパラレルの中にパラレルを創ろうとしているのです」


「何ですか？　それ？」

「何度もお伝えしていますが、パラレルというものは幻です。あなたが創っているホログラムなのです。物質として、どこにも存在しません。それはお分かりですね？」

「はい。とりあえずは・・・」

「彼らはあなたのパラレルの中に、彼らが創ったパラレル、仮想空間を創ろうとしているのです」


「そんなことをしてどうなるのですか？」

「あなたが自由にパラレルを創れなくなるように、です」

「自由にパラレルを創れなくなる？　どういうことですか？」

「メタバースというのは、脳だけの仮想空間です。彼らはあなたの脳を操作して、あなたの脳の中にあなたを閉じ込めようとしているのです」

「さっぱり意味が分からないのですが・・・」

「ムーンショットは、身体を機械に変えて労働力を強化しようとしているのです。生身の身体は弱いと思っています。ですから、人間の身体を機械にすれば、労働させるには都合がいいのです」

「ならば、人間ではなく労働に適した機械を作ればいいじゃないですか?」

「機械だけでは、できないことがあるのです。機械、AIには創造力がないのです。機械は労働には適していますが、命令されたこと、プログラミングされたことしかできません。いちいち命令しなければいけないのです。

でも、人間のように彼らにとって都合のいい考え方を刷り込み、そして、身体も機械にして強くすれば、いちいち命令、プログラミングしなくても自分で彼らの求めるように動いてくれるからです。

AIもとても素晴らしいもののように宣伝されていますが、AIは真似ることしかできません。絵を描いても、とても素晴らしい絵を描くことはできますが、結局それは人間が描いた絵の情報を沢山学習させて、真似させたものに過ぎないのです。新しい物は作りだせないのです」

「だから、脳を大切にしているのですね」

「脳だけでは創造力は発揮できません」

「脳で創り出すのではないのですか?」

「脳だけではなく、感覚も必要になります。感覚がないと新しい物を創り出せないのです。だから、脳に感覚を持たせようとしているのが仮想空間、メタバースなのです。

仮想空間に入ると、実際に脳だけであっても、身体もあると勘違いします。実験室のガラス瓶の中に脳を入れて、刺激を与えることで、仮想空間の中では身体を持っていて、燦々と降り注ぐ太陽の光の中、原っぱで寝ころんでいるという勘違いをさせることができます。気持ちいいと錯覚させることができるのです。そうすれば、身体の感覚を持っていると勘違いすることから、創造力も発揮できるだろうと思っているのです」

「脳だけなのに、散歩していると勘違いしてしまう、と? まるで『マトリックス』の世界ですね」

「そうです、あの映画は彼らの計画を表しているのです。少し違うところもありますが・・・それがムーンショット、メタバースなのです。彼らの考えている世界統一政府では、大きく分けて三つの階層があります。

今の人間と機械と合体した人間、そして、メタバースで生きる人間です」

「もしかして、今の社会の支配層はそのままの人間として生きて、後は彼らの労働力としての機械人間と脳だけの人間、脳だけだと最早人間とも言えませんが・・・支配層か労働力かということですか？　でも、そう言われれば、今も同じですよね。今の社会も支配層と支配下にいる一般人という二つの層に分かれていますものね。それが顕著になるだけということですね」

「そうです。今は支配層もはっきりとしていませんが、世界統一政府になると支配層がはっきりとします」

「生身の人間が支配層だということですね。でも、生身の人間だと長く生きられないのでは？」

「あなたたちの医学は身体を部品だと考えていますので、部品を取り換えれば、もしくは、もう少しすれば波動療法が確立すると思っているので、長く生きる術はあると思っています。それもすべて机上の空論ですが」

「机上の空論ということは、まだ確立していないということですか？」

「そうです。ですから、色々実験を繰り返しているのです。あなたたちの社会の支配層は物質至上主義ですから、物質をコントロールすればいいと思っています。そして、物質をコントロールする実験を繰り返しているのです。

クローン技術などもそうです。生身の身体は長く使えない、だから、自分の細胞を使って自分をもう一人作れば、その身体を使ってまた長く生きることができると思っているのです。もし、今の身体に不具合が起きたとき、クローンの部品を使えばいいとも思っています」

「そんなことできるのですか?」

「できません。クローンはできます。でも、それが自分かといえば、自分ではありません。今の身体がダメになりそうなときに、次の身体に移るなどできないのです。クローンは確かにその人の細胞で、遺伝子は同じです。でも個性が違うのです。クローンは別の個性なのです。別の人格がすでにあるのです。部品として使うならばあり得ますが、死ぬ間際に別の身体に入ることなどできないのです。クローンは一卵性の双子のようなものなのです。同じ遺伝子を持っていてそっくりですが、別の個性を持っていますね。双子でも全く違う性格をしていることもあります。そう考えていただけるとお分かりになると思います」

「そういうことなのですね・・・クローンを作っている人たちはそんなことも分からないのですか?」

「研究している人たちは、科学は万能だと思っていますので、というか思わされているので真面目に本当にできると思って研究しているのです。そして、研究者も支配層の人たちに重圧を加えられているのです。できないとは言えないのです。そして、支配層は分かっているのですが、自分たちの科学は万能だということを宣伝し、そう信じさせたいのです」

「では、さっきのメタバースやムーンショットも、できないと思っているのに、できるように見せかけているのですか？」

「できる技術はあります。先ほどの支配層が分かっているという意味は、新しい身体に乗り換えることはできないということです。

クローンを作る技術はもうすでにありますので。彼らは彼らなりに、生身の身体でいたい、でも、生身の身体は長く持たない、死んでしまう。だからと言って機械になりたくはない、脳だけで生きるのもイヤだというジレンマの中にいるのです。

ここで、もうひとつお話したいことは、人間の支配層は本当の支配者ではないということです。人間の支配層の上には違う種族の存在があります。それについて詳しくは前著に書いてありますのでここではお話はしないでおきます。とても複雑で長い話になりますので」

「レプティリアンのことですか？」

「はい、レプティリアンにとっては、人間の支配層も、被支配層も同じなのです。どちらもレプティリアンにとっては、被支配層で搾取する対象でしかありません。だから、支配層が長生きしようがどうでもいいのです。だから、彼らに生命や波動の本当のことは教えません。だから、人間の支配層も矛盾を抱えながら生きることになってしまうのです。話が逸れましたので元に戻しますね」


「さっき、メタバースやムーンショットはできるという話だったのですが、そこのところをもう少し詳しく聞かせてください」

「理論的にはできます。でも、実際にできるかどうかは分からないのです」

「理論的にできるならば、もうほとんどできているということですか？」

「彼らは人間の身体のことについて知らないことが多すぎるのです。だから、実験をしなければいけなくなりました」

「実験とは？」

「人間の身体がどこまでもつかということです」

「どういうことですか？」

「機械と合体させるためには大きなリスクがあります。人間に機械をくっつければいいということではないのです。身体と機械を繋げなければいけないのです。身体の中から繋げなければいけないのです」

「え？　それはどういう？」

「身体の中にも機械を入れないといけないのです。機械と言っても小さなものですが、それを入れることによって身体がどう反応するかが分からないのです。どのくらいの数を入れればいいのか、その機械をずっと動かし続けるにはどこから電気をチャージすればいいのか、など細かい実験が必要となります。だから、実験をしたのです」

「どこで？　どうやって？」

「コロナ騒ぎのときに世界中で推奨されたワクチンです」

「ワクチン？　ワクチンはコロナに罹らないように、もし罹ったとしても軽症で済むためのものです。そうですよね？　ワクチンなのですから・・・」

「あのワクチンは実験なのです。そもそもコロナウイルスなど特定されていないのですから、防ぐなどということはできないのです。今までも風邪に罹らないように予防するものはなかったですね。体力がなくなって、自己免疫力が落ちたときに、風邪と言われる症状が出ただけのことです。風邪というウイルスはないのです。自己免疫力が落ちたときに普段は何ということもない常在菌でも反応するのです。のどが痛いとか、下痢をする、熱が出る、咳が出るなどの症状が出るだけです。そして、自己治癒力が戻れば風邪の症状はなくなります。もちろん風邪の症状が悪化して死ぬこともありますが、それはどんな菌でも同じです。今回のワクチンは実験だったのです」


「まさか、そんなことを・・・」

「何種類かのロットを用意し、ロットによってどのような反応が出るか、どのような人が反応が強いかなどを検証していたのです。そして、何度も何度も打たせたのも実験だからです。何度打てば身体がもたないか、何度打っても身体に支障が出ないのはどういう人かを調べたのです。どういう属性の人がナノチップに耐えられるかの実験なのです」

「話を聞けば聞くほど、支配層はマッドな人たちですね。もう狂気の沙汰としか思えません」

「世界統一政府、すべての存在を支配し、完全に管理しようという発想自体がもうそういうことなのです。宇宙の存在に対する尊敬や尊重の気持ちがないからできる発想なのです。でも、それも悪いことではありません。ただ破壊を好む音の個性なのです。そして、その個性と共有のパラレルを創っているのはあなたなのです。

良い悪い、善悪ではなく、合うか合わないか、好きか嫌いか、一緒のパラレルを共有したいか、したくないかの話なのです」

「それはそうかもしれませんが、彼らの話を聞けば聞くほど本気で腹が立ってきました。で、その実験はどうなったのですか?」

「ほぼ、必要なデータはそろったようです。ですから、一旦コロナ騒動は休止することにしたようです」

「でも、まだ次のパンデミックは狙っていますよね」

「それに関しては、世界統一政府のためだけではなく、コロナ騒動で美味しい思いをした人たちが、また次を企んでいるだけです。こんなに美味しい話は手放したくないですから」

「美味しい思いをした人たちがいっぱいいたでしょうね。医療関係などは笑いが止まらなかったでしょうね」

「医療もビジネスですので、儲かる方へ向かいます。そして、今回の騒動には補助金という名目でお金が沢山使われました。補助金をあげるからできるだけ沢山ワクチンを打ってくださいと煽ったのです。庶民がコロナの検査をどんどんするように検査を無料にしました。ワクチンもそうです。無料だからと庶民たちはどんどん検査をし、ワクチンを打ったのです。これも彼らの計算です」

「いくら無料だからといっても、そんな恐ろしいワクチンを何も考えずに打ちますかね？」

「権威を信じるからです。国が推奨しているから、政治家も言っているから、有名な人が言っているから、医者が勧めるから・・・ということから大丈夫だと思ったのです。内容など自分には分からないから、偉い人、賢い人、高学歴の人、専門家が間違うはずがないと信用したのです。これも学校教育の弊害です。コロナも世界統一政府への道だということはご理解いただけましたでしょうか？」

「はい、はっきりと分かりました。どれだけすごい手を使われていたのかということが。そして、簡単に騙されていたということも」

「それを知っていただきたいのです。それを知ることができれば、次にまた彼らがウイルスの騒ぎを起こそうとしても、人々がこのときのように信じなくなるからです。信じなくなれば、彼らとのエネルギーを切ることができるからです」

「パラレルを移行することができるということですか？」

「はい、そうです。では次の道の話をしてもいいですか？」

「コロナ騒ぎとは別の、世界統一政府への道ですか？」

「次というか、同時に起こされているのですが、まず戦争の話をしたいと思います。今彼らは躍起になって戦争を起こそうとしています。それは分かりますね？」

「はい、きな臭い話が沢山出てきています。どんなに情報を知らない人でも、戦争をしたくて仕方がないっていうことが分かると思います」

「彼らはもう隠そうともしていません。日本では着々と戦争に向かっての準備が進められています」


「具体的には？」

「まずは憲法を改正したいと思っています。もう憲法改正の話は出てきていますね？」

「はい、前の前の首相あたりから隠すことなく明言していますね。それも戦争をしたいからなのですか？」

「戦争は自然発生するものではありません。それはご存じですね？」

「はい」

「戦争は仕掛けられるのです。戦争の目的は、国のトップや大企業にとってのお金儲けです。戦争は大きなお金儲けになります。だから、国のトップの上にいる大企業は戦争がしたいのです」

「国よりも大企業の方が、立場は上なのですか？」

「そうです。国のトップや政治家よりも企業のトップの方が上なのです。国を動かす人たちは国民ではなく、大企業の方を向いて政治をしているのです。

ちょっと話は戻りますが、ワクチンもそうです。ワクチンも企業の命令なのです。実験をしているのも製薬会社です。製薬会社の方が国よりも立場が上なのです。これは世界中の国で共通しています。だから、世界中で同じ動きになるのです。

そこにはお金の流れも関係しています。企業は自分たちの権力で政治家をいくらでも従わせることができます。お金を使えば政治家として上にいけるのです。大国の大統領でもそうです。日本もそうです。企業のトップに嫌われたら、政治家生命は終わります。企業はお金を儲けるのが目的です。それは悪いことではありません。そして、お金を儲ければそれだけ権力も大きくなっていくのです。大きなお金を動かす人が権力者になるのです。だから、今の社会の権力者は大企業のトップだということです」

「そういえば、日本でも政治家よりも企業のトップの方が発言力があるのは知っています。政治家でもない大手の企業のトップが、国の政策に口を出し、政治家のように発言し、その通りに動いているという実態もありますよね。経団連という組織もかなりの影響力を持っていますし」

「そこに宗教組織も入ってきています。宗教組織が国の政策に口を出しているのもご存じですか？」

「はい、いくつかの宗教団体から献金をもらっているのもニュースになっています。政治家たちと宗教団体のトップが仲良く並んで写っている写真もありますね。宗教団体の祝典に参加したり、お祝いを送ったりしているという話も聞いています」

「戦争からは話が外れますが、こうして国のトップは色々なところからの制約があって、自分の立場を守るために、国民のことなど何も考えない政治をするようになるのです。自分の身を守る、自分の立場を守るのは生きていく上で必要なことです。

でも、そのために世界統一政府への道を自ら創っていることを知らないのです。自分の身には関係ないと思っている人が多いのです。でも、その人たちであっても同じなのです。今はちょっと良い待遇を受けていますが、世界統一政府になったときには被支配層となるのです。話を戻したいと思います。戦争はお金のために起こされています。そして、その上の存在にとってはお金ではありません。本当の支配者にとっての目的は世界統一政府です。戦争をすることで混乱状態にし、混乱状態を鎮めるためにひとつの大きな世界を作りましょうと提案してくるのです。沢山の小さな国があるから、こうして戦争になるのです。ならば、ひとつの大きな政府を作れば、戦争になることはありませんね・・・と誘導していくのです。そして、人々にも、所有権を手放しましょうと提案します」

「それ、どこかで聞いたことがあります。人は持たない自由があるとか、その方が幸せになるとか、って言っている人がいますね」

「それがすり替えなのです」

「すり替え？」

「所有するから争いになるのです・・・と言うのです。だから、個人的に所有することはやめましょう。すべて共有にしたら平和になります。そして、ひとつの政府がすべての人に必要な物を貸し出しましょう、それが世界を平和にする方法です、と」

「確かに、そう言われれば、そうかなって思ってしまうかもしれませんね。皆で共有する世界、もしかしたら縄文時代のように平和な世界になるかもしれない？」

「縄文時代の共有の概念とはまるで違います。世界統一政府の持たない自由というのは、政府の一部のトップだけが世界のすべてを所有するということです」

「何だ、それ・・・それって自分たちだけが所有する権利があると言っているのですか？」

「そうです。そして、人々も自分たちの所有物だと言っているのです。所有しているから、生きるのに必要な分だけは貸してあげますよ、ということです。配給制度にしましょうということです」

「でも、必要な分はもらえるのですよね。ならば、いいのでは？　そして、平等に配給されるならば、今みたいな格差もなく、平等な世界になりますよね。今みたいに一生懸命働かなくても困らない世界・・・案外いいかも」

「そうですか？」

「違いますか？」

「配給制という意味を考えてみてください」

「意味・・・ですか？」

「誰が配給を決めますか？」

「政府の偉い人？」

「その人がすべての権力を持つのです。分かりますか？　もし、その人の気に食わない人がいたらどうでしょうか？」

「気に食わない人には、配給を減らす？　でも、そんなことはできないですよね。だって、平等だというのは前提ですよね、きっと配給の方法も法律などで決められるでしょうし」


「法律は誰が決めますか？」

「政府の偉い人？」

「政府の偉い人、権力者、すべてを所有している人は、自分の好きなように法律でも何でも決めることができます。自分にとって気に入らないことをする人には、どうにでもできるように法律を作ることができるのです。

例えば、国に逆らう、文句を言う人は配給を減らしますという法律を作れば簡単ですね。表現を曖昧にしておけば、いくらでも拡大解釈することができます。配給を決める人が好きなように判断することができるのです。国やトップの人に従順でなければ配給は止められるのです。だから、何も言えなくなります。どんなに理不尽なことを要求されても従うしかなくなるのです。それが配給制なのです。

全く平等ではありません。自由など全くないのです。それこそ、決められたノルマに達しなければ、配給を減らされたり止められたりするとなると、必死で働かなければいけなくなります。ノルマを果たせば、次はもっと高いノルマを要求されることにもなります。そうなれば働かなくてもいいなんてことは夢のまた夢の話になります。

世界統一政府にとって庶民は所有物ですので、とことん使ってもいいと思われるのです。昔の奴隷制度と同じです。命令に従順になる人は少しだけ良い思いをさせてもらえますが、ちょっとでも反抗的な態度をとったり、権力者の気に入らないことをしたり、もしかしたら権力者の機嫌が悪いだけで八つ当たり的に罰せられることもあるのです。いつも権力者の顔色を窺って生きていくことになります。それが配給制なのです」

「それは・・・考えていませんでした。言われてみればそうですよね。権力者の機嫌ひとつで配給を止められることもあり得るのですよね。それは絶対にイヤな世界です」

「支配者たちはいいことばかりを言います。メリットばかりを強調し、便利になる、良い世界になるとばかり言います。でも、裏を返して考えることができれば、良い世界ではないことが分かってきます。所有しない方が幸せになるなど、今の社会形態ではあり得ないのです。縄文時代は配給などありませんでした。リーダーもいません。あるものを必要な人が使っていただけです。彼らの言う所有のない世界ではないのです。同じように所有をしない世界であっても、まるで反対の世界なのです。彼らの言う、所有しない社会は、庶民は所有しないという意味です。自分たち支配者がすべてを所有するという意味です」

「奴隷制度と同じですね。世界の本当に一部の人、少人数の人が世界中の人を奴隷にするということですね」

「そうです。その待遇に徐々に慣らしていこうとしているのです。戦争はそのように使われます。これも余談になりますが、ベーシックインカムという考えも同じです。配給制に慣らしていくための道です」

「ベーシックインカムもですか?・・・良い制度だと思って待ちわびている人たちも沢山いると思いますが」

「メリットばかりが強調されるからです。最初は魅力的な金額を提示します。人々が安心して生活できるくらいの金額を提示します。

そして、ベーシックインカムにするためには財源が必要ですと言います。ベーシックインカムで生活できるくらいの定額のお金が毎月入るのですから、社会保障はいらないですよね、と言って社会保障をなくしていきます。そのくらいの金額をもらえるならばいいです。その上、今までのように働けば、その分も上乗せされるから生活は楽になる、もっと自由に使えるお金が増える、そして、万が一病気などで働けなくなったとしても、ベーシックインカムがあれば安心だよね・・・と思って喜ぶ方もいらっしゃると思います。でも、次があるのです」

「次とは・・・何となく予想はつきますが・・・」

「次に、働いて得た収入の額によってベーシックインカムが減らされます。そして、ある金額を超えるとベーシックインカムは、もらえなくなります。そして、税源がなくなってきたので税金を増やします、そして、ベーシックインカムの金額も減らしていきますと、どんどん減らされていくのです。気がついたらもらえない状態か、もしくはこんな金額ではどうしようもないと思うほどの金額になります。そして、社会保障も何もかもなくなっているという状態になります。税金はそのまま沢山徴収され、社会保障もなくなり、ベーシックインカムもほとんど入ってこないという状態になります。それがベーシックインカムの計画です」

「それって年金制度と一緒ですね」

「年金制度の過程を見てみると、この経緯がよくお分かりになると思います」

「確かに、ものすごくよく分かります」

「話を戻しますと、戦争の目的は世界を混乱状態にさせることです。一旦すべてをなくして、新しい社会を作ろうとしているのです。今起きている戦争もマッチポンプです。お互い反目し合っているように見えますが、実は裏では手を組んでいるのです。他の国々も同じです。いつでも戦争は起こせるのです。常に緊張状態の国々を作っているのも、タイミングが来たら戦争をすぐに起こせるようにです。

でも、今回の戦争は、数国ではダメなのです。コロナのときのように世界で一斉に戦争状態にしなければいけないのです。だから、徐々に準備をしています。あちこちで少しずつ緊張状態を作っているのです。導火線をいくつも作り、タイミングが来たら一斉に火をつけるつもりなのです。

そのために日本の憲法を改正しなければいけないのです。憲法を飛び越えて緊急事態として内閣府が何でもできるような政令を制定しようとする動きはありますが、それはやはり憲法が邪魔をして上手くいかないのです」

「やっぱり憲法は守らなければいけないですね」

「でも、日本のトップも命令されているので、何とか戦争をしようと画策しています。憲法違反すれすれのところで言葉のすり替えや拡大解釈をしているのです。軍事費をどんどん増やし、明らかに軍事大国を目指しているかのように見せたり、軍事支援と称して戦争をしている国の傷病兵をわざわざ日本の病院に運んで手当をする、そして、武器を貸したりするのも、他国を刺激して何とか火種を作りたいからなのです」

「もう、勘弁してくださいよ。戦争なんて真っ平ごめんです」

「戦争をしないと宣言している日本を戦争に巻き込むことができれば、世界中で準備していた火種をつけることができるのです。何が何だか分からないうちに戦火は世界中に広がります。それが世界統一政府への道となります」

「はぁ～、もうため息しか出ません」

「次は・・・」

「まだあるのですか？」

「今起きていることはすべて連動しているのです。すぐに統一政府の方にいかなくても、人々に恐怖を与えるためにしていることもあります」

「例えば？」

「地震などの天災です」

「地震などの天災は自然のことですので、これぱっかりはどうしようもないのでは?」

「地震は人工的に起こすことができます。台風などの天災も同じです。今盛んに煽っている地球温暖化もそうですね」

「地震などの天災で怖がらせることで何ができるのですか? 地球温暖化でどうなるのですか?」


「まずは、戦争、ウイルスも含めてですが、食糧難を演出します。戦争になれば輸入も止まり食料も不足します。そして、地震などの天災や、今言われている地球温暖化でも食料の問題が出てきます。地球温暖化を防ぐために牛や豚などの家畜を減らしましょう。そして、コオロギなどの昆虫を食べましょうと誘導するのです。

そして、ウイルスも使います。鳥インフルエンザなどもそうです。一羽からインフルエンザのような症状が出た、もしくは検査したら陽性だったということで、その鶏舎の鳥をすべて殺処分にして減らします。卵が市場に出なくなったりして人々は困ります。牛や豚などもどんどん減らしていき、乳製品も作れないようにするのです。本当はあるのに、ないかのように見せかけ、人々に危機感を持たせます。食糧難からどこへ誘導したいか分かりますね?」

「配給制ですか?」

「そうです。食料不足だからという理由で、配給制にもっていきたいのです」

「本当に食料不足なのですか？」

「食料というのは考えようによってはいくらでもあるのです」

「考えようとは？」

「今の食料に固執すれば、彼らの計画によって減らされることもあります。でも、他の物を食べようと思えば、食べ物はあります」


「もしかして、昆虫食とか？　いくら食べ物はあると言ってもそれはイヤですね」

「昆虫は昔から人はあまり食べません。一部の地域で食べる習慣がありますが、一般的ではありません。昆虫もそういう意味では彼らに使われているのです。

食料危機になったら昆虫を食べなければいけませんと脅していくと、あなたも言われたように、昆虫はイヤですと拒否反応を起こし、それなら配給制の方がいいと思うからです。

昆虫を食べなくても、他に食べ物はあります。今の社会で食べている食料だけが食料ではないのです。昔は食べていたけど、今の生活ではあまり食べなくなった物も沢山あるのです。

米、小麦、牛、豚、鳥などだけが食料ではないということです。

日本ならば日本伝統の食事もあります。それをまた食べれば何も困らないのです。地球は人々が困らないように用意してくれているのです。普段食べている、食べ慣れているものが少なくなりますよ・・・というだけのことです。そして、彼らが脅すほど食糧難にはならないのです」

「本当にあれやこれや、やってくれますね」

「彼らは依存させて従わせるという手を使うのです。電気もそうです。電気製品を沢山作り、電気がないと生活できないようにします。そして、電気エネルギーに関する権利は、彼らの手のうちに置いておきます。何かあったら、電気を止めるということをするのです。電気がないと生活できなくなってしまった人々は、とても困ります。電気を止めるぞと脅すと従わざるを得なくなるのです」

「確かに電気は困りますね。フリーエネルギーができたらいいのですが・・・」

「フリーエネルギーに関しては、前著で詳しくお話していますので、ここでは簡単にお話させていただきますね。フリーエネルギーで電気を作るという発想も彼らの操作なのです」

「フリーエネルギーは今までとは違う方法で電気を作りだすということではないのですか?」

「フリーエネルギーは電気とは関係ありません。電気を使わなくてもいいということです」

「電気を使わなくてもいいとは?」

「電気を使わなくても、今の機械を動かせるようにすればいいのです」

「すみません、おっしゃっている意味がよく分からないのですが・・・」

「電気に依存させられてしまっているので、電気製品しか思いつかないのです。電気を使わなくても機械を動かす方法はあります。そして、電気よりももっと効率のいいエネルギーもあるのです。電気しかエネルギーはないと思ってしまっているので、その発想が思いつかないのです」


「では、具体的にどういうことがあるのですか?」

「今の電気製品には使えないということは理解してくださいね。今の電気製品をそのまま使うという意味ではありません。今の電気製品の目的としているものを作ればいいのです」


「もっと意味が分からないのですが・・・」

「例えば、洗濯機は何のために作ったのでしょうか?」

「洗濯機は・・・洗濯するためにですよね」

「そうですね。ならば、電気を使わないで洗濯する方法を考えればいいのではないですか?」

「もしかして、川で洗濯しましょう・・・なんて言わないですよね？」

「でも、その発想です。川で洗濯すればいいのです。ただ、それでは大変です。だから、どうすればいいか考えればいいのです。洗濯機は簡単に言えば、水がグルグルと回る環境を作って、そこに洗濯物を入れるということです。水がグルグル回ることによって洗濯物がかき回されてきれいになるという考えですね」

「まぁ、簡単に言えばそうですけど・・・」

「ならば、川の水の循環で、そのような機械を作れないかと考えてみればいいのではないでしょうか？　エネルギーは、ギャップから生まれます。ギャップを利用すれば水を循環させる環境を作ることができます。これがフリーエネルギーなのです。地球そのものがフリーエネルギーなのですから、それを利用すればいいのです」

「簡単に言われても、今の生活ではできないのではないですか？」

「できないと思うからできないのです。今のパラレルから移行したいと思いながら、移行できないと思っているといると移行することはできません。

食料も考え方ひとつで、他にも食べ物は沢山あるのです。ただ、今の物だけ、今の生活しかないと思ってしまうから、他の物が見えなくなってしまっているのです。すぐに全く違う生活をしてくださいと言っているわけではありません。ただ、移行するという意思をはっきりと決めてくださいとお伝えしているのです。急に違うパラレルに共振することはできないですし、また急に全く違うパラレルに共振したらびっくりしてどうしていいか分からなくなります。パラレルは自分で創っていくのです。少しずつ方向を変えて、別の枝を創っていくことで、違うパラレルになっていくのです」

「はい、そうでした。つい、やっぱり、できないという考えになってしまいますね」

「エネルギーに関しても、波動エネルギーのことが理解できれば、電気エネルギーを使わなくても動く機械を作ることができるのです。

宇宙に存在する他の物質世界で、電気を使っている文明はあまりありません。電気は効率が悪いからです。他に電気を使っていない文明があるのですから、できないことはないのです。

話が大きく逸れてしまいましたので、元に戻しますね」

「お願いします」

「何度もしつこいようですが、今お話していることは、きっとあなたにはイヤな話だと思います。

信じられないことばかりだと思います。拒否反応も出ると思います。でも、今のままの流れに乗ってしまうと、どのようなパラレルと共振してしまうかを知っていただきたいのです。彼らはあなたを完全に支配し、完全な管理下に置こうとしています。それを分かっていただきたくてこのような話をしていることをご理解くださいね。それが分からないとパラレルの移行もできなくなってしまいますので」

「はい、それは分かっています」

「では、次の話ですが・・・これから彼らは今までの金融システムも崩壊させようとしています」

「どうやって?」

「今、盛んに言われているキャッシュレスです。現金を使わず、カード、インターネットで決済しましょうということです」

「そうですね、どんどんキャッシュレスになっていっています。ネットバンキングを使いましょうと銀行からも言われます。言われるだけならいいのですが、ネットバンキングにしなければとても不便な方向に進んでいます。私はできるだけニコニコ現金払いにしたいのですが、現金を使うと余計な手数料を取られたり、面倒な手続きが必要になったりして、本当に困ることが多々あります。キャッシュレスにすることでどうなるのですか?」

「すべてを把握することができるのです」

「すべて？」

「現金でやり取りされると細かいことは見えません。でも、カードやインターネットを使うとすべての履歴を把握できるのです。いつ、どこで、どのような物をいくらで買ったか、すぐに分かります。その人の好みまで分かるのです。生活がガラス張りになります。税金も取りやすくなります」

「そういうことですか・・・最近政府が躍起になって進めているマイナンバーカードもそういう目的ですか？」

「そうです。マイナンバーカードは、すべてを一括管理したいのです。生活のすべてが分かるようにしたいのです。今のところは保険証、免許証、銀行口座との紐づけだけだと言っていますが、そのうちにキャッシュカードやクレジットカードとも紐づけるようにもっていきます。このカード一枚あれば何でもできます、公共のサービスも、どこでもすぐに受けることができるのですから他に何枚もカードを作るより便利です、とメリットばかりを強調します。そして、カードを作ればポイントも差し上げますとニンジンをぶら下げるのです」

「ポイントをつけてまでカードを取得させたいのには、絶対裏があるとしか思えないですよね」

「そこまでしてカードを作らせたいのは、すべてを把握したいからです。簡単に庶民を管理できるようになるからです。

先ほども言いましたが、いつ、どこで、どのような物を買ったかというその人の好み、口座の金銭の動き、貯金額、すべて把握することができます。タンス預金などできません。インターネットでの買い物もそうです」

「そういえば、ネットで買い物をしようと思って検索したら、すぐにそれ関連のＣＭが流れてきます。それって怖いなって思うんですよ。ちょっとサイトを見ただけ、サイトも見ずに検索エンジンに打ち込んだだけなのに、関連するコマーシャルがどんどん流れてくるんですよ。ホント、プライバシーもなにもあったものじゃないですよね」

「ＳＮＳなどで呟いたこともすべて管理されているのです。買い物の好み程度ならばまだいいのですが、その人の思考傾向まで把握されるのです。政府や権力者に対して反抗的な言動をしているとか、反社会的な思考を持っているとか、監視されているのです」

「それってコロナ騒ぎのときに思いました。マスク、ワクチンなどのワードでバンされるという話もありましたね。ワクチンに関して疑問を呈したブログやユーチューブが削除されてしまったり。コロナ以降どんどん厳しくなっているのが分かります」

「言論統制も世界統一政府への道です。それは分かりますね？」

「はい、何も言えない雰囲気になってきているのが肌感覚で分かります。怖いです」

「今はまだ警告や削除だけで済みますが、これからは逮捕、監禁などの処置もできるようにされていきます。そうなるとみんな怖くなり何も言わなくなります。政府に盾つく言動をするなど恐ろしくてできないという風潮にしていくのが彼らの計画なのです。

監視カメラもどんどん増えています。彼らは自分で事件を起こし、それを解決するために監視カメラが必要だというのです。監視カメラがあったおかげで、犯人を逮捕することができたと吹聴し、庶民が監視カメラを自ら求め、監視カメラをつけてくれた行政に感謝するようにもっていきます。

監視カメラをつけたいのは、庶民の動きを監視するためです。そのうち家の中まで監視カメラをつけるようにもっていきます。家の中でも言論をチェックされるのです。

そして、監視カメラだけではなく、個人にもＧＰＳなど、どこにいるかをチェックできる機器を持たせます。携帯電話もその一種です。携帯電話を持たせることで、その個人がどのような動きをしているか監視することができます。行動だけではなく、ネットに繋いでどのようなサイトを見ているかを監視することで、好みや思想までも分かるのです。

大人だけではなく子どもにも持たせようとします。子どもが犯罪に巻き込まれる事件を立て続けに起こし、怖がる保護者に携帯を持たせるように囁くのです。そして、子どもはいつも大人たちに行動をチェックされます。チェックされることに慣れていくのです。反対にチェックされないことに不安を覚えるように誘導され、いつも監視されることに慣れ、反対に監視、管理されることを望んでしまうのです。そうなると、自分が何をしたいのかということも考えなくなります」

「私が子どもの頃はよく道草を食いましたけど、それもできないということですよね」

「そうです。決められた道を決められた時間に通り、学校や塾、習い事など決められた場所に行き、また決められた時間に決められた道を通って帰るという生活になるのです。そうなると自分で考えることをしなくなります。寄り道をしたいと思ってもそんなことは許されません。少しでも違う道を行くとすぐに保護者に通報され、叱られるということになります。ならば、何も考えずに決められた行動をしておきましょうと子どもは思います。その子どもが大人になったらどうでしょうか?」

「何も考えずに決められたことだけをする大人になりますね。素直に誰かの命令に従う、管理、監視されるのが当たり前だと思う大人になる・・・」

「そうなると、支配者側はとても楽です。簡単に人々を世界統一政府に誘導することができるからです。世界統一政府のがんじがらめの規制の中でも、何も疑問を感じることなく生活してくれるようになるからです。どんなに理不尽なことでも受け入れ、従順になる人々を育てるのが一番楽なのです。だから、そういう政策ばかり進めようとするのです」

「確かに、昔からどこかの国を征服すると、まず着手するのが子どもの教育だと聞いたことがあります。子どもを親から引き離して、寮などに入れ、自分たちの都合のいい教育をする。そうすると征服された側の文化や言語はなくなり、その国は自然に消滅していくと」

「子どもの教育だけでなく、文化を壊していくということも統一政府への道なのです」

「文化を壊していくというのは、もしかして移民問題ですか？」

「そうです。世界中で今問題になっているのは移民です。戦争を起こすのもそれが目的でもあるのです。戦争によって難民という立場の人を作りだし、他の国が人道的立場という理由で難民を受け入れる、それが問題になっているのです。問題になっているというより積極的に問題にしているのです」

「移民によって、どういう問題が発生するのですか?」

「全く違う文化の人たちが大勢入ってくるのです。その人たちは自分から進んでその国に来たのではなく、仕方なく来ざるを得なかったと思っています。その国のことが好きで来たわけではないのです。その国の文化を愛しているわけでもありません。そうなると、どうなると思いますか?」

「自分たちの文化をそのまま続けようとする・・・ということですか?」


「そうです。そして、難民という立場になると、受け入れた国の人々も気の毒だと思います。そして、自分たちが少し我慢しようという心理になります。そうなると、言い方は悪いですが、その国の文化など関係なく、自分たちの文化を主張するようになります。町も雰囲気が変わってきます。その主張が激しくなると、さすがにその国の人たちもイヤになってきます。いくら難民で気の毒だと思っていても、あまりに自分たちの文化、生活がないがしろにされていけば抗議もしたくなります」

「そうですよね。日本でも難民というわけじゃないけど、外国の人たちが増えてきて、ある街の公共住宅では、ほとんど外国人になったという場所もあります。その公共住宅のあるところはもう日本ではないと思うくらいになったという話も聞きます。その地域の学校では、宗教的な儀式のための場所を作ることを強要されたり、儀式の時間に合わせて授業を止めるように言われたり、給食も特殊な食事を用意するように言われるそうです。他の地域での高校の入学式を見て愕然としたこともあります。日本の高校で、外国人が九割だと。そして、入学式では日本の国歌ではなく、その人たちの国の国歌が歌われたんです。日本人の子たちが小さくなっていました。もう、びっくりしました。日本の文化は？　って、なりましたね」

「これが移民問題です。多民族国家にしたいのです。そして、人々を分断し、国内でも個人間の小さな戦争状態にしたいのです。多民族国家になると文化もどんどん変わっていきます。そうなるともともとの住民たちも、自分たちの国の文化が分からなくなっていきます。自分たちの文化を大切に思えなくなっていきます。明治維新でもそうなりました」

「明治維新でも文化が壊されたということですか？」
「はい、明治維新によって欧米の文化が沢山入ってきました。そのときの政府は欧米から支援を受けていたので、欧米万歳の政策を行ったのです。今までの日本の文化は古い、遅れているとして、どんどん欧米化していきました。その名残が今もあります」

「例えばどのようなことですか？」

「日本の方たちのファッションを見ていただければお分かりになると思います。着物を着ている方はほぼいらっしゃいません。そして、金髪に憧れ、黒い髪をわざわざ金髪に染めています。そして、黒い目よりも青い目に憧れ、青いコンタクトをつけている人もいます。

外国人のような姿形に憧れるというのは、日本人としてのアイデンティティーが崩れてしまったということです。日本の文化に誇りを持つことがなくなり、日本の文化も変わっていきました。言語も外国語を話せる人に憧れています。日本語に対しても誇りを持てなくなってしまっているのです」

「何だか情けないですね。日本人としての誇りを持てなくなるって悲しいですね」

「文化を壊し、民族の誇りをなくせば支配しやすくなるからです。自分たちの文化を愛せなくなると心の拠り所が失われていきます。自分が何者であるかが分からなくなるのです。そして、とても不安になります。そうなると支配するのは簡単です」

「確かに、今の日本を見ていると本当に日本の文化はなくなっているのが分かります。日本の文化を大切にしようとする動きもありますけど、でも、やっぱり欧米に憧れる人の方が多いですね」

「政府は、どんどん外国人を入れる政策をとっています」

「政府ですよ、日本の政府ですよ。その日本の政府が日本を壊すような政策をとっているのですか？」

「日本の政府も世界統一政府の方に向かっています。外国人を沢山入れるためにどういう政策をとっているかご存じですか？」

「外国の留学生を随分大切にしていますよね。日本の学生は大学に行くのに奨学金という借金をしなければいけないのに、留学生はほぼ無料で学校に行ける。その上日本に来るための旅費や生活費まで支給しているとか。首相が、留学生は日本の宝です、とまで言いましたよね。学生だけじゃなくて、外国人をとても優遇しています。その優遇政策がどんどん大きくなっていくのを感じています。

日本人がもらうにはとても厳しい条件がある生活保護も、外国人は定住ビザがあれば出してくれるそうですし、医療費もほぼ全額支給しているらしいです。調べれば調べるだけ、あまりの理不尽な政策に腹が立ってきます。でも、どうしてそこまで露骨に外国人を優遇するのですか?」

「日本は、単一民族に近い国家でした。単一の民族になると結束力が強くなります。だから、単一民族でないようにしたいのです。アイデンティティーを失わせたいのです」

「そういうことですね。日本の政府がやっているのですから、もう何も言えないですね」

「日本だけではありません。世界中で同じようにされています。日本の政府だけではなく、世界統一政府を創ることに賛成している国は、皆同じような政策をとっているのです。だから世界中で移民問題が起きてきているのです。

日本の政府だけでなく、他の国のトップの人たちも国民のことなど何も考えていません。考えているのは、いかに上の命令を遂行するかだけです。そのために政治をしていると言っても過言ではありません」

「勘弁して欲しいですね。でも、日本は一応民主主義なのですから、選挙などでトップを入れ替えればいいのでは?」

「数字はいくらでも操作できます」

「それは選挙の結果を操作しているということですか?」

「それもあります。でも、選択肢のときにもお話したように、自分の意思で選択しているように思わせていますが、自分で選んでいるわけではないことは分かりますね」


「まぁ、立候補した人の中でまだこの人ならマシかなという程度で選んでいますよね」

「民主主義という言葉もよく考えてみてください。民主主義というのは、数で決まります。数が多い方を優先するということです。五十人と五十一人という僅差であっても、数の多い五十一人が支持したものを実行するということです。少数派は我慢してくださいということです。民主主義は、多数決なのです。多数を作ればいくらでも自分たちの都合よく政策を作ることができるということです」

「そういえばそうですけど・・・なら、選挙に出ればいいのでは? 沢山の人が自分の思いを託せるような人が立候補すればいいのでは?」

「そこが先ほどから言っている選択肢の問題になります。選挙に立候補するには大変なお金がかかります。普通の人は立候補もできないのです」

「確かに、供託金が高すぎますね。供託金だけでも高いのに、その後の選挙運動にもびっくりするくらいのお金がかかります。一般庶民にはムリですね」

「そうなるとどうなるでしょうか？　お金があって、票が見込める人が有利になります。立候補する人はもともとお金がある人か、地盤という票田がある人になります」

「地盤、看板、カバン、っていうやつですか・・・」

「お金が必要になると、貸してくれる、もしくは援助してくれる人が出てきます。その人の援助のもと選挙に出て当選したらどうなるでしょうか？」

「その人の言うことに逆らえなくなる？」

「そうですね。企業が政治家より立場が上だというのは、そういうこともあるのです」

「ちょっと聞いた話になりますが、ある大手企業の社長は、落選した議員の面倒をみると。落選したらただの人。お金も困ります。だから、次の選挙まで社長が生活に必要なお金を援助しているそうです。そうなると、次に当選したら、その人に恩義があるからその人の意見を尊重するようになりますよね」

「お金もそうですが、人気というのも大きな要素になります。人気がある人が立候補すると当選しやすくなります。だから、大きな党では民衆に人気のある人を、党を後ろ盾にして立候補させるのです。その人が政治にどのような考えを持って、どんな国にしたいのかなどは関係ないのです。反対にそのような自分の考えを持っている人はいらないのです。とにかく立候補させ、当選させることが目的になります。その人が当選したらどうなるでしょうか？」

「そりゃ、当選させてくれた後ろ盾の党の命令を聞くようになりますよね」

「民主主義は多数決です。ですから、数を沢山持っている党や政治家が有利になります。その人の命令を聞く人が多ければ、自分の政策が通りやすくなるからです。こうして、大きな党はどんどん命令を聞く人を集めます。そして、そのトップは義理のある大企業のトップの命令に従うように動くのです。そのような人ばかりが立候補したとして、その中から選ぶのは、さっきあなたが言ったようにまだマシかなという人になります。それが選挙なのです。組織票やお金を沢山持っている人、有名な人、目立つ人が当選するようなシステムなのです。彼らに作られ、提示された選択肢の中から選びなさいと言われているだけです。そうして当選した議員は国民の方は向いていません。国民のことなど考えていないのです。それを理解してください」

「そうなると、もう手詰まりですよね。何をどうしても世界統一政府の方にいってしまうということになりますよね」

「そのためにずっとパラレルワールドの話をしているのです」

「え？　どういうことですか？」

「最初にお話したことを思い出してください」

「パラレルの話ですか？」

「あなたが見ている、体験している現実は幻だということです。あなたの世界は、あなたが創っているホログラムだということです」

「でも、そんなことを言っても、現実問題、こんなに酷い世界になっているじゃないですか？　そこに私も共振しているということですよね。そして、今私が共振している共有のパラレルは、今よりもっと悲惨な世界統一政府に向けてまっしぐらってことですよね。一体どうしたらいいのですか？」

「パラレルを移行するのです。パラレルを枝で表現しました。同じ幹からでも、違う枝ができるのです。幹という過去のパラレルはもう変えることはできませんが、今から枝を違う方向に伸ばしていけばいいのです」

「何を言いたいかは分かりますが、もっと具体的に教えていただけますか？　そこのところがよく分からないのです」

「今までのように思考を自動運転にしていれば、そのままずっとその枝を伸ばしていくことになります。ここまでは大丈夫でしょうか？」

「はい、それとは違う枝を伸ばすということが分からないのです」

□思考の自動運転

「あなたの考えたことがすべてパラレルになります。考えたことです」

「はい」

「ならば、あなたの考えを違うものにすればいいのです。今までの自動運転では考えなかったことを考えれば、違うパラレルができます」

「それって、どうすればいいのですか？」

「まずは、できないというパラレルばかり創らないでください。これがまず一番大切なことです。何度も言いますが、あなたたちはすぐにできないというパラレルを創ります。できないというパラレルばかり創って、その中からまだマシだと思うパラレルを選択するのです」

「どういうことですか？」

「絶対できない、というパラレルと、きっとできないだろうというパラレル、やっぱりムリだよねと諦めるパラレル。やりたいと思ったとき、一瞬できるパラレルを創りますが、その後にすぐに、できない、ムリ、現実的に考えなきゃ、とできない理由、言い訳のパラレルばかり創ります。そして、その中から自分を納得させるパラレルを選ぶのです。

旅行に行きたいと思って一瞬旅行に行くパラレルを創ります。その後すぐに、お金がないからムリ、会社を休むことはできないからムリ、一緒に行ってくれる人がいないから、一人では怖くてムリ、親、パートナーが反対するからムリ、とムリばかりのパラレルを創り続けます。そして、その中で一番自分が納得できるパラレル、例えば会社を休むことができないという理由が一番自分の気持ちを収めることができると思えば、その理由を掲げて諦め、そして、安心するのです」

「安心する？　できないのに？」

「何かをしようと思うときは大きなパワーを要するのです。新しい枝を創ろうとするときには大きなパワーを要するのです。

そして、新しい枝がどこに行くのか分からず不安や恐怖を感じます。だから、やりたいと思いながら、できない理由を自分で創って、ね、だからできないよね、仕方がないよねと自分を慰めながら、ホッとするのです。面倒くさいことをしなくて済んでよかったと思うのです。

こうして自動運転のまま同じ枝を伸ばしていくのです。そして・・・」

「そして、死ぬときにあのとき旅行に行っておけばよかったと思って死ぬということですか?」

「そうです。会社を休めるかどうかは、上司に相談してみないと分かりません。もしかしたらダメだと言われるかもしれませんが、いいと言われるかもしれません。それはやってみないと分からないのです。

でも、あなたたちは何でもする前から、自分で自分の可能性を潰してしまうのです。

新しい枝の芽が出かけているのに、自分でそれを潰してしまうのです。

自分で勝手に上司の答えを決めて、やっぱりムリだよねって諦めてしまうのです。上司に掛け合うことが面倒だし、断られるのが怖いし、休暇を欲しいなどという自分が呆れられてしまうかもしれないと思って諦めてしまうのです。

上司はあなたが本気で旅行に行きたいから休暇を取らせて欲しいと言えば、あなたの熱意に押されて許可する可能性もあるのです。もし断られても、休暇を取る権利がありますと言えば許可するかもしれません。やってみないと分からないのです。あなたの本気のエネルギーは、とてもパワフルですので、上司の気持ちを動かすことができるのです。

そして、これはエネルギーの話になりますが、せっかくやってみようと思っても、エネルギーを引いて話をしても人の気持ちを動かすのは難しくなります」

「エネルギーを引くとは？」

「一応はお願いしてみるけど、でも、きっとムリだろうな、説得されて終わりだろうなという気持ちで話をしても、相手には通じないということです。それも、そういうパラレルを創っているのですから」

「あ〜、きっと断られるなという考えでパラレルを創っているということですね」

「そうです、最初からそのパラレルを創って、そのパラレルを選ぶ準備をしていると言えば分かりやすいですか？」

「はい、そりゃそんな気持ちでいれば、断られるパラレルになりますよね」

「ですから、あなたの中で断られるというパラレルを創らなければいいのです。

ＯＫが出るパラレルだけを創っていけばＯＫが出るのです。そのために色々なパラレルを想定しておくのです。こう言われたら、こう答えようとか、この条件を出してみようとか、色々想定しておけば、その時々で一番いいパラレルを選択することができます。

色々な想定はＯＫをとるための想定です。あなたの世界はあなたが創ってはいますが、外の人は、その人で自分の世界を創っています。ですから、あなたの一存でその人の世界を変えることはできません。でも、あなたとその人は同じ共有のパラレルに共振していますので、あなたのエネルギーによって、その人の反応も変わってきます。あなたが本気であなたの思いを伝えれば、そのあなたのエネルギーの熱量で人は心が動くのです。あなたの本気さで人は感動するのです。

今言っているのは対立して話をしてくださいということではありません。熱量というのは対立や圧力のことではありません。あなたの本気さということです。対立や圧力で説得しようとするとそのエネルギーに反応して相手も対立の感情を持ってしまいます。

ですから、素直にあなたが思っていることを話してください。それが熱量なのです」

「本気さが人の気持ちを動かす・・・それは分かります」

「本気で思っていることを淡々と話してください。そうすればエネルギーを引くことなく、そして、対立のエネルギーを出すことなく話をすることができます。そして、旅行に行くというあなたのパラレルを創ることができるのです。もしどうしても上司や会社が認めないということになれば、他にも色々方法はあるのです。行くと決めれば行くための方法はいくらでも出てきます。

今お話しているのは、最初から諦めないでくださいということです。できないということを考えないでくださいということです。

これはパラレルを移行するための基本中の基本となります。できないと思えばできないパラレルしか創れません。できると思えばできるパラレルを創れるのです」

「私はできる・・・という考えがとても大切なのですね」

「できると思えるようになれば、パラレルの移行もできるようになります」


「パラレルの移行の話をもう少し具体的に教えてください」

「イヤだと感じることに関して、私はイヤですと言えばいいのです」

「それだけでパラレルを移行することができるのですか？」

「残業の話をしたと思います」

「はい。残業を我慢して受け入れれば、また残業を頼まれることになるという話ですね」

「それが自動運転のパラレルです。自動運転の延長線上では、どのような共有のパラレルに共振すると思いますか?」

「ずっと断ることができずに、ずっと残業を頼まれるパラレルですよね?」

「そうですね。それは自分のパラレルを自分で意識せずに創っているからです。意識せずに創っているから枝はそのまま伸び続けるのです。でも、ここで、ちょっと勇気を出して残業はしたくありません、しませんと言うことができれば、枝は違う方向に芽を出します。その枝を伸ばすかどうかはその後のあなたの考えで変わりますが・・・」

「それはどういうことですか?」

「そのとき一度だけ断っても、後でまた自動運転に戻って残業を受け入れ、我慢するようになると、ちょっと出た芽はそのまま止まり、また元の枝をあなたは伸ばし続けることになります」

「一度芽を出したらその枝を伸ばし続けなければ方向の違う枝はできない、パラレルを移行することができないということですか?」

「はい、どうして戻ってしまうかというと、あなたの中がブレているからなのです」

「私の中がブレている？」

「何のために残業を断ったのかということが、はっきりとあなたの中に落ちていないからブレるのです。その日の残業を断るのが目的ではありませんね。残業をしなければいけないというパラレルから、しなくてもいいパラレルに移行するために断るのです。それがはっきりとしていたら、何度残業を頼まれても断ることができます。

でも、そこがはっきりとしていないといつも断るのは申し訳ないから今回だけは残業しようと思ってしまって、またこの人は残業を頼んでもいいと思われるパラレルに戻ってしまうのです。そうなるとせっかく芽が出た枝を止めてしまうことになります」

「それ、してしまいそうですね。目的がはっきりしないとブレるというのは分かります」

「ブレずに自分の目的をしっかりと持って、パラレルを移行するにはパワーがいるのです。そのパワーは、イヤだと思う気持ちからくることが多いのです。イヤだ、したくないという気持ちは大きなパワーを持っています。怒りの感情も大きなパワーを持っています。そのパワーを使うことができれば、移行もスムーズにできるのです」

「イヤだと思う気持ち、怒りのエネルギーです、か」

「ここまで私はパラレルについてお話してきましたが、今あなたたちはとても酷い環境に居ます。本当に驚くほど過酷な環境に居るのです。居るというより自分でその環境を選んでいるのです。そのままの自動運転でいるとどうなるかはお話しました。だから、もう今の社会がイヤだと思うならば、そのままの枝ではなく、違う方向に枝を伸ばしてください。今共振している共有のパラレルから別の共有のパラレルに移行してください。我慢するパラレルから我慢しなくていい自由なパラレルに移行してください」

「そこが分からないのです。小さな自分の世界、自分のパラレルならば何とか理解できましたし、移行する方法も分かったし、できると思います。でも、社会とか大きなことになると、どうしていいか分からないのです。そこを詳しくお話していただけますか？」

「小さな世界も大きな世界も同じです。あなたの世界であることには変わりないのです。あなたがどの世界と共振するかということだけです」

□社会の共振を切る

「そこがよく分からないのです。だって、どんなにこの社会がイヤだ、共振を切りたいと思っても、実際どうやって切っていいのか分かりません。生活していく上で、社会の共振を切れば生活できなくなります。山の中で一人で暮らすしかなくなります。それじゃ、私は生きていけません」

「そこですね。そこが難しいところですね。それが波動エネルギーの話になるのです。あなたの世界は、今あなたが実際に見ているものだけですとお伝えしました。どんなに世界が広いと思っても、あなたが実際に見ているものだけがあなたの世界なのです。他のところには何もないのです。そして、あなたの世界には、今実際にあなたと関わっている人しかいないのです。社会にいると思っている人たちは、実際にはあなたの世界にはいないのです。ここまでは大丈夫ですか？」

「それは何度もお聞きしています。でも、そんなことを言っても、実際、目の前の私の現実にはない税務署から税金の納付書が届きます。これはどう考えればいいのですか？　私は税金を払うパラレルから移行したいです」

「今、急にはムリだということはご理解くださいね。急にあなたのパラレルを全く別のパラレルに共振することはできません。それは以前にもお話しました。パラレルの移行は少しずつなのです。芽が出てすぐに枝を急速に伸ばすことはできません。パラパラ漫画を過程を飛び越えて違う漫画にすることはできないのです」

「はい、それは理解しています。ですから、移行の方向に伸ばしていく具体的な方法を知りたいのです」

「では、共振の話からしていきたいと思います」

「はい、お願いします」


「個人、個人のパラレルが共振することで、あなたもそこに共振している人たちも同じ共有のパラレルを創ることができます。ゲーム機のラインを繋いでいる状態になります。だから、あなたの世界に登場するのです。ここまでは大丈夫ですね」

「はい」

「では、コロナ騒ぎのときのマスクの話を例にお話しますね。コロナ騒ぎのときにマスクをするように言われました。義務ではありませんが推奨、お願いという形でほぼ強制されました。ほとんどの人はマスクをしたのですが、しなかった人たちもいました。そうですね」

「はい、いました。私もそうです。でも、肩身の狭い思いもしました。店に入ることを断られたこともあります」

「でも、あなたはしなかった。でも、生きていました」

「はい、死にはしませんでした」

「そこには、あなたと共振して共有のパラレルを創った人たちが居たからです。その共有のパラレルがあったから、あなたは生きることに困らなかったのです」

「どういうことですか？」

「生きるために必要なものは、その共有のパラレルで手に入れることができたのです。あなたはまだ、今の社会の共有のパラレルとラインがきれいに切れたわけではありません。まだ大きな社会との共振はしています。

でも、あなたと同じような考えの人たちとの共有のパラレルもでき、そこに共振したからマスクをしないパラレルを選ぶことができたのです。それはあなたが創ったパラレルであり、そこに共振している人たちが創ったパラレルでもあります。それは大きく共振している枝から小さな芽が出た状態なのです。そのままの自動運転で進んでいれば、あなたはマスクをしないという選択もしなかったし、できなかったのです」

「ごめんなさい、意味が分からないのですが・・・」

「あなたが、社会常識として皆がマスクをしなければいけないという考えの持ち主であれば、もちろん自分もマスクをしたでしょう。何も疑問を持つことなくマスクをするパラレルを創りました。だから、周りの人も当然マスクをする人ばかりです。

でも、あなたはマスクをしたくないという考えでした。

マスクをするパラレルと、マスクをしないパラレルを創り、しない方のパラレルを選択したのです。

しかし、大きく共振している共有のパラレルもあります。そこはマスクをする人たちばかりです。そこであなたは色々考えて、マスクをしなくても困ることがないようにするにはどうしたらいいかを考えました。そして、マスクをしなくても何も言われないお店を探したのです。マスクをしなくても何も言われない環境、現実を創ったのです。何か言われたとしても、結局しなくていいような環境を自分で創ったのです。だから、あなたの世界では、マスクはいらなかったのです。それはあなたが自分で創った世界なのです。分かりますか？」

「はい、自分の世界にはマスクはなかったです。一度もしたことがありません。強要されるようなところには行かなかったし、どうしても行かなければいけないスーパーなども、ちゃんと話をすればしなくていいようになりましたので生活は何も困りませんでした。でも、実際には強要されることもありましたから、イヤな思いもしました」

「ですから、まだ完全に大きな社会のラインが切れたわけではありませんので、少しは関わってきます。

あなたはコロナのパンデミックの真実を知っていました。そのパンデミックの中でのマスクの意味も知っていました。皆が支配層に従ってマスクをすることで、今後どのようなパラレルを創っていくのかも知っていました。ですから、マスクをする人たちを見てイラっとしたのです。イラっとしながらマスクをする人たちを見ていたのです。そのようなエネルギーでマスクをしている人たちにフォーカスしたら、その人たちがあなたの世界に登場しますし、あなたが敵対的なエネルギーをその人たちに向ければ、敵対的なエネルギーであなたの世界に共振してきます。そのようにあなたがマスクをしている人たちにフォーカスしたからイヤな思いもしたのです。

そして、反対にマスクをしていない人たちにもフォーカスしました。だから、その人たちもあなたの世界に登場したのです。マスクをしない人たちと共有のパラレルで共振しているときは、あなたの世界にはマスクをしている人は登場しません」

「確かに誰一人マスクをしていない場所もありました。そこは気持ちがよかったですね」

「同じような方向の人たちですから気持ちよく共有のパラレルを創れたのです。あなたはまだ二つの世界、もしくは三つ四つの世界と共振しているのです。だから、どこにフォーカスするかによって色々な現実を創造してしまうのです」

「三つ四つの世界とは？」

「中途半端な世界とも共振しています。マスクのことで話をすれば、時と場合によってマスクをつけたり外したりする人たちとの共有のパラレルと、嫌がりながらも仕方がないと思ってつけている人たちのパラレルと共振することがあります。その時々であなたもイラっとしたり、仕方がないよねと思ったり、と考えも変わりますので現実も違うものとなります。

でも、そのような中途半端なパラレルと共振していると中途半端な枝になります」

「中途半端な枝というと？」

「今までの枝から違う方向の枝の芽は出たのですが、その枝は前の枝と平行に近い状態で伸びていくということです」

「それって前の世界とあまり変わらないということですか？　その枝だとまた世界統一政府にいく方向になるということですか？」

「そうですね、少しは違いますけど、方向性としてはあまり変わらないということです」

「それはイヤですね。同じようなパラレルを選びたくはないです」

「それには覚悟が必要になります」

「覚悟ですか・・・それもまたしんどそうですね」

「覚悟というのは、ブレないということです。ブレないためには、先ほどお伝えした目的をいつもしっかりと持っていればいいのです。私の目的は何ですか？　と何かを選択するときには考えてください」

「例えば？」

「例えば、飛行機の問題がありましたね」

「マスクをしなければ飛行機に乗れないという話ですか？」

「そうです、その場合も色々なパラレルができると思います。まず、飛行機に乗らないというパラレルです」

「でも、それは難しい人もいるのでは？　仕事でどうしても飛行機に乗らなければいけない人もいますし」

「それが覚悟なのです。何のためにマスクをしないのかという理由がはっきりとしていたら、考えることもできます」

「でも、実際、マスクでひと悶着あって飛行機を降ろされたという人もいます。だから、飛行機はマスクをしなければ乗れないのです」

「その案件には大まかに二つのストーリーがあります」

「どんな？」

「一つはマスクをさせたい側のパフォーマンスです。マスクをしないとこんなにイヤな目に遭いますよと知らしめるパフォーマンスです」

「やらせ・・・ということですか？」

「はっきり言ってそういうことです」

「そこまでしますか・・・」

「どうしてもマスクをさせたいのです。マスクをさせることで権力者に従うように慣れさせていきたいのです。でも、あからさまに従うことを強要することはできません。だから、見せしめのように罰を与えるのです。皆が怖がっている〝人の目〟を使うのです。マスクをしないと酷い目に遭うと刷り込んでいくためのパフォーマンスなのです。パフォーマンスですから、彼らと関わりのある人が使われます。クライシスアクターという言葉をお聞きになったことがあると思います。彼らに雇われた役者ですね。ですが、あなたはパフォーマンスの世界とは関係ないので、あなたには起きない現実になります」

「あの騒ぎは、全部パフォーマンスですか?」

「そうではありません。あまりに敵対的なエネルギーを出しすぎたゆえの騒ぎということもあります。最初から、何かを言われることを想定の上で、敵対的な態度で臨んだ場合も同じようなパラレルを創ります。それも、その人が望んで創った現実なのです。ケンカを吹っ掛けたかった人と、ケンカを買いたかった人が合致して、共有のパラレルを創ったということです。周りの人もそのパラレルに共振したので、その場面を体験したということです」

「なるほど、そう言われれば、私も何度かそのようなパラレルを創ってしまいました・・・」

「話を戻しますが、マスクをしないと飛行機に乗れないという思い込みを払拭すれば道は開けてきます」

「どういう道があるのですか?」

「最初に飛行機に乗らず、別の交通手段で目的地に行くということも選択肢のひとつです。そして、マスクは強制ではないという言葉を使うこともできます。法律的に強制はしていないし、義務でもありません。ですから、航空会社に話をすればいいのです。航空会社に予め話をしておけば会社も配慮してくれます」

「確かに、私も航空会社に事情を話して、マスクをしないで乗ったことがあります。まぁ、あまり気持ちのよくない方向の特別扱いをされましたけど、搭乗拒否はされなかったですね」

「探せば必ず道はあるのです。そして、自分はどうしたいのかをはっきりとさせておけば、自分のやりたいパラレルをいくつも創り、その中で一番すっきりするパラレルを選ぶことができます。それが枝の方向性を変えていくのです」

「でも、それは自分の世界だけの話ですよね。

マスクをしない生活や飛行機にマスクをしないで乗ることはできても、社会は変わらないですよね。どうしてもその共有の社会と共振しなければいけなくなりませんか？　なら、何も変わらないのでは？　結局税金も払わなきゃいけないし、世界統一政府の方へいってしまうのでは？」

「そうおっしゃいますが、あなたの世界は変わっていませんか？　確実に変わっていると思うのですが、いかがでしょうか？」

「え？　変わっているのですか？」

「人のことは関係なく、あなたは毎日の生活でマスクもしない、飛行機にマスクなしで乗っているという事実はありますね」

「はい」

「それって今までの社会にどっぷりと共振していたあなたの世界から、大きく変わっているのではありませんか？　前のパラレルをそのまま続けていれば、今のあなたの世界でもマスクをしているのではないでしょうか？」

「え？　そう言われてみれば・・・私の世界では、マスクもワクチンもコロナも関係ありませんでした」

「それは大きな社会の共有の世界から少し離れたということなのです。そこにどっぷりと共振している人たちもいます。政府から言われたように、家の中でも、寝るときでもマスクをしている人もいました。その人たちの世界とあなたの世界は、大きく違ってきています。共有の世界でも方向が違ってきているのです。家でマスクをしている人は、あなたの世界にはいないですね？」

「はい、家でマスクをしている人の話は聞いたことがありますが、実際にはお会いしたことはありません」

「それでも、あなたは何も困りません。あなたは、あなたの世界で気持ちよく過ごすことができているのです」

「はい、テレビやネットで話を聞いて、え？　って、驚くことはありますが、私の世界にはいませんね」

「こうして少しずつパラレルは離れていくのです」

「そういうことですか。でも、マスクやワクチンくらいならばいいのですが、やっぱり社会制度や生活において、どうすればいいか分からないです」

「同じことです。あなたがあなたの世界を創っていけばいいのです。マスクはできたけど、他のことはできないということはありません。マスクやワクチンでできたのですから、他のことも同じようにしていけばできるのです」

「そうなのですか？」

「コロナ騒ぎの頃は、マスクもワクチンも大きな出来事でした。社会問題にまでなった大きな出来事でした。それをあなたの世界には入れなかったのですから、他のこともできるのです」

「そう言われても、自分ではどうしようもできない問題があります。マスクやワクチンは自分でしないと決めることができますが、戦争や金融のことになると自分には何もできないのでは？」

「あなたの世界と、他の人の世界を混同しないでくださいね」

「それは、どういう意味ですか？」

「何度も言いますが、あなたの世界はあなたの世界で、あなたが創っているのです。他の人も、その人の世界はその人が創っているのです。そして、お互いの世界を繋げて共有の世界を創っているのです。だから、あなたの世界に入って欲しくないと思う人の世界と繋げなければいいのです。

あなたは大きな世界にのみ込まれているのではありません。大きな世界、今の社会の中にあなたの世界があるのではなく、あなたは今の社会とラインを繋げているだけなのです。もし、あなたの世界が社会の中にのみ込まれているのであれば、マスクをしない、ワクチンを打たないという世界は創れませんでした。繋げているだけだから、あなたが望んだ世界を創ることができたのです。あなたの世界と繋げている今の社会の共有の世界とは別のものなのです。そこを一緒だと思ってしまうから訳が分からなくなるのです」

「う～ん、難しいですね。どう考えたらいいのでしょうか？」

「では、視点を変えてみましょう。共振する人たちの世界を創っていけばいいのです」

「共振する人たちの世界？　ますます意味が分からないのですが・・・」

□共振する人たちの世界

「マスクをしたくないと思っている人たちと共振したから、マスクをしなくても生きていける世界を創れました。それは理解できますか？」

「はい、何とか・・・」

「実際にあなたは何も困らず、思ったように生きています。それは事実ですね。これは偶然でも、ラッキーでも、運がよかったからでもないのです。あなたがその状況を創ったのです。同様に、他のことも同じように共有のパラレルを創っていけばいいのです」

「他のことは、どうすればいいか、全く見当もつきません。特に税金ですが・・・」

「今も言いましたが、あなたがマスクをしないで生活できたのは、偶然でもラッキーでも、たまたまでも運の問題でもないのです。あなたがその状況を創ったのです。あなたは、まだそれが納得できないのです。どうしても、偶然、ラッキー、たまたま運がよかった、という考えになってしまうのです。だから、マスクのことは何とかなったけど、今度はそうはいかないと思ってしまうのです。

偶然ではありません。あなたがその現実、ホログラム、パラレルを創ったのです。すべての現実、ホログラム、パラレルは同じです。あなたが今まで自分の思うパラレルを創れなかったのは、あなたの考えがそうではなかったからです。

ずっとこのことをお伝えしているのですが、納得できませんか？

あなたの考えたことが、パラレルを創り、そのパラレルの中であなたがどれにするか選んでいるのです。だから、お金が潤沢にあるという考えをすることができれば、そのパラレルを創ることができ、それを選ぶことであなたはお金に困らない現実、ホログラムを創ることができるのです。そうなれば、税金などいくらでも払うことができます」

「無茶をおっしゃいますね、アシュタール。お金が潤沢に入るパラレル、そりゃ創りたいですよ。でも、そんなことはできないですよね」

「また、できない・・・ですか？　お金とマスクのいらない世界と何が違うのですか？」

「マスクは自分で決めることができますが、お金は自分で刷ることはできないですよね」

「マスクも相当強要されていました。マスクをしなければ生きていけないと思っていた人は、イヤでもマスクをしていたのです。マスクをしないと会社をクビになると言われて仕方なく従った人もいます。それがその人の世界です。

でも、その社会の大きな圧力もあなたには届きませんでした。あなたはマスクしない生活を貫いたのです。あなたの世界をしっかりと創ったのです。それとお金も同じです。お金はあなたが必要だと思えば、あなたが創り出すことができるのです。税金など気にしなくてもいいくらいに創り出すことができるのです」

「いつもアシュタールはそう言いますが、そこがなかなか信じられないというか、できると思えないのです」

「あなたは、今困っていますか？」

「いえ、特に何も困っていません」

「ならば、必要なお金は入ってきているということですね？」

「はい、でも」

「でも、何でしょうか？」

「もっとあればいいと思いますが・・・」


「そこですね」

「どこですか？」

「その考えが、お金が潤沢に入らないパラレルを創るのです」


「え？　なんですか？　それ・・・私は欲しいと思っているのですよ。欲しいと考えているですから、そのパラレルは創れますよね」

「欲しいと思っているパラレルは創れます。欲しいと思っているパラレルを創って、欲しいと思っているパラレルを選んでいるのです」

「え？　え？　え？」

「もう一度聞きますが、今は生活に困っていませんね？」

「まぁ、生活はできています」

「ならば、それでいいのではないですか？　どうしてそれ以上お金が欲しいのですか？」

「沢山あった方が色々なことができますよね。安心ですし」

「あなたは安心したいからお金が欲しいということですか？」

「安心したいから・・・もありますが、したいことがあるときにすぐにできるようにお金は欲しいです」

「では、お金が欲しいのではなく、したいことをするお金が欲しいということですか？」

「そう言われれば、そうですね」

「ならば、考え方を変えなければ、あなたが望むパラレルは創れません」

「考え方を変えるというと？」

「お金が欲しい・・・ではなく、旅行に行くためにいくら必要です、と考えてください。そうすれば、そのパラレルを創ることができます。何通りか旅行に行けるパラレルを創ることができます。その中から一番のパラレルを選んでください。それであなたは望む現実を体験することができます」

「え？　そんなことでいいのですか？」

「パラレルはあなたが考えればいくらでもできます。その考えの方向が違うから、思ったようなパラレルを創れないのです。思ってないようなパラレルばかり創ってしまい、選んでしまうのです」

「でも、税金はどうしたらいいのですか？」

「お金はあなたの考えで創ることができます。マスクをしなくてもいい環境を創り出せたように、お金が潤沢に入ってくる環境を創り出すことができるのです。お金が潤沢にあるパラレルを創り、それを選んでいけばいいのです。そうなると税金のことなどどうでもよくなります。税金にフォーカスしなくなると、税金もあなたを追いかけてこなくなります。思っていたより少ないねと思うような現実を創ることもできるのです。
あなたたちはお金に関して本当にパラレルの創り方が下手ですね。まぁ、上手くパラレルを創れないように教育されているので仕方がないといえば、仕方がないのですが・・・
パラレルの枝の方向を変えたいと思うのであれば、ちょっと今の考え方を参考にしてみてください。お金は自分で創り出すことができるのが分かります。
この話ばかりは、実際に体験してもらわなければ納得できないと思いますが・・・

とにかくやってみてください。お金に対しての意識を変えればパラレルを移行することができます。お金は自分で創り出していることが分かれば、お金に振り回されることがなくなります。そうなると、権力者に対しても恐れがなくなります」

「世界統一政府の方向にはいかなくなりますか？」

「世界統一政府の方向にいかないようにパラレルを創っていけばいいのです」

「具体的には？」

「世界統一政府をどういう方法で作ろうとしているかを細かくお話しました。その反対をしていけばいいのです。簡単に言えば、マスクもそうですね。世界統一政府への道としてマスクがありました。それをあなたは知っていました。だから、マスクをすることを拒んだのです。そうですね？」

「はい、どうしてもマスクはイヤでした。マスクをして従っていると、もっと規制をかけられると思ったからです」

「だから、マスクをしない生活を創造できたということですね。ここで、枝が違う方向へ伸びたのです。そして、ワクチンも打たなかったのです。

こうして少しずつですが、彼らが伸ばそうとしている枝から離れていったのです。そして、その考えで彼らと別の共有のパラレルも創ったのです」

「マスクをしたくない、ワクチンを打ちたくないと思っている人たちとの共有のパラレルですか?」

「そうです」

「でも、特にその人たちと会ったこともありません。どこにいらっしゃるかも分からないのです。それは私の現実とは関係ないのではありませんか?」

「マスクの話のときにも言いましたが、特に個人的なお付き合いがなくても、あなたがマスクをしなくても生活できたのは、その人たちがいたからです。

最初はお会いして話をした人がいると思いますが、その人と共振している人が他にもいるのです。その人たちとあなたは直接お会いしたことはなくても、その人たちのパラレルと共振することができたのです。その人たちとマスクをしたくないという共有のパラレルがあったからそれができたのです。

マスクをしなければいけないと思っている人たちは、マスクをしなくてもいいような環境を創ろうとは思いません。イヤだと思ったから、イヤだと思う人たちとラインを繋ぐことができたのです。

マスクをしなくてもいいようなアイディアも共有することができたのです。実際に会っていなくてもこうしてラインを繋ぐことはできるのです。ワクチンもそうです。ワクチンを打たないという意思をはっきりと表明したことで、彼らからも見えにくくなったのです」

「どういうことですか？」


「あなたのところにワクチンを打ってくださいという役所からの封書がきましたか？ 例えば、六回目のワクチン接種のお知らせはきましたか？」

「そういえば、一回か二回くらいはきたかもしれません。封書を見てワクチンの接種券だと思ったので、開封もせずにどこかにポイッと置いたかもしれないです。あまり記憶にないですね」

「それです。役所の人たちは二回目を打った人に三回目のお知らせを送るのです。だから、三回目のお知らせはこなくなったのです。ましてや六回目のお知らせはきませんね。

それが彼らから見えなくなってきたということです。ワクチンに関して、あなたは彼らの関心から外れたのです。彼らの枝から少しずつ離れていっているということです。コロナ検査に関しても同じです。コロナの検査もしなかったので、コロナにも罹りませんでした。コロナの検査をするから、コロナだと診断されるのです。検査をしなければ彼らには見えないのです。だから、コロナに罹った人のように自粛を要請されることもなく済みました。コロナに関しては、ほとんどあなたには関係のないことになったのです。

お酒を飲んではいけないという時期でも、あなたはお酒が飲める場所で外食することができました。それも、コロナに関して、あなたと同じ考えの人たちがいたからです。その人たちと共有のパラレルを創ったからできたことです」

「ここで、またちょっとお聞きしたいことがあるのですが」

「何でしょうか？」

「コロナ検査をしなければコロナにならないという話ですが、もし私がコロナに罹っていたら？ コロナに罹っているのに、検査をせずにいたら、コロナを他の人にうつしてしまうということになりませんか？ という危惧は、どう考えればいいのでしょうか？」

「あなたはコロナが怖いですか？」

「全く怖くないです」

「ならば、いいじゃないですか？ そして、あなたはコロナになりましたか？」

「いいえ」

「ならば、あなたはコロナとは関係ないですね。また他の人のパラレルを心配しているのですか？　他の人のパラレルに責任を持たなければいけないなどと考えているのですか？」

「あ。そうですね。そうでした。コロナが怖いと思っている人は、怖いと思っているパラレルを創るということですね。私がコロナに罹っていようと、罹っていなかろうと、私がコロナを怖がっていようと、いなかろうと関係ないということでした。どうしてもまだ人のパラレルが気になるようです」

「お分かりいただいてよかったです。あなたがコロナを怖いと思っていないならば、怖くないパラレルを創造します。そのパラレルは、怖いと思っている人とは共振しません。ラインを繋げることはないのです。だから、あなたがコロナを怖いと思っている人に関係することはありません。反対にそのような考えを持っていると、ラインを繋げてしまい、コロナ騒動に巻き込まれることになります。

それを望んでいないのであれば、他の人のパラレルに責任があるというような考えを手放してください。その考えを持っていると世界統一政府への道を進んでいる人たちとラインが繋がってしまいます。いつまでも、その人たちとラインが切れなくなります。違う方向へ枝を伸ばすことができなくなります。

あなたの世界はあなたの世界で、他の人の世界は他の人の世界なのです。これは冷たいとかそのようなことではなく、いらない考えなのです。人のことを考えましょう、人のために何かをしましょうと刷り込まれてしまっているので、そのように人のパラレルまで心配するようになるのです。これも世界統一政府を計画している人たちの手口なのです」

「それも彼らの手口だということですか？」

「離れようとしている人たちを引き留めるためのやり方です。人のことを考え行動することができる人が素晴らしい人だと教え込みます。自己犠牲的な考えですね。それが人としての優しさ、思いやりですと言えば、自分がもし万が一コロナに罹っていたら人にうつしてしまう、迷惑をかけてしまうと思って検査をしたり、いやでもマスクをし、ワクチンを打ちます。コロナが怖いと思っていなくても、人のためにと彼らの思い通りに行動してしまうのです」

「確かに、思いやりという言葉が多用されました。思いやりマスク、思いやりワクチン。この言葉で皆がマスクをし、どんどんワクチンを打ったのです」

「そのためにコロナ騒動が長引き、規制がどんどん厳しくなっていったのです。そうして世界統一政府に皆が向かっていくのです」

「人を思う気持ちを上手く使って、自分たちの都合よく誘導するなんてとんでもないですね」

「それが彼らの手なのです。

教育でも、人のために、人を優先しましょうと刷り込んでいるので、その言葉を言われると抗えないのです。自分のために生きる、自分を大切にすることは自己中、自分勝手と非難されると思い、怖がり、自分を生きることができなくなるのです。自分の好きなパラレルを創造できなくなってしまうのです。

でも、それは真実を知らないからです。彼らの計画を知らないから都合よく誘導されてしまうのです。コロナにどういう真実があるのか、マスクの意味とは、ワクチンの中身は何なのか、それを知っていれば、彼らが何を言おうと誰も従わなかったはずです」

「知らないゆえに従ってしまっているのですね」

「だから、彼らのことを知っていただきたいのです。知っていれば何を言われてもブレないで自分の思いを貫く核ができます。その核があれば、彼らの枝から違う方向の枝を伸ばすことができるのです」

「そういうことですね。真実を知るというのは本当に大切ですね」

「何を真実だと思うかは、どうでもいいのです。私がお話していることが真実だと思わなければそれでいいのです。ただ、自分で選ぶことができればいいのです。私の話を聞いて今までと違う視点で考えることができればそれでいいのです。私の話が違うと思えば、それで今までの考え方を貫いていただければいいのです。ただ、それを自分で決めたと考えることで今までと大きく違うパラレルを創ることができます。知らずに自動運転で彼らの道に誘導されるのと、自分で彼らを信じ、その道を行くと決めるのでは大きく違ってくるのです」

「コロナ以外で他にその道を選ばなくて済むことはありますか？　具体的に教えていただけると嬉しいのですが」

「今、あなたがやりやすいのは、マイナンバーカードを作らないことです」

「マイナンバーカード・・・最近、彼らが躍起になって進めているカードですよね」

□マイナンバーカード

「それは世界統一政府への道です。それは分かりますよね？ カードは管理するためのツールです。それを作ってしまうと、管理社会にOKしたのと同じだと思われるのです。そして、もっとカードに付帯事項をつけてきます。ひとつでも小さな穴ができるとそこからどんどん膨らましていくのです」

「それは分かります。最初は行政サービスを受けるのに便利ですというだけだったのに、そして、任意なのに、次は保険証と一体化する、次は運転免許証と一体化すると、どんどん持っていないと何もできないようにされてきています。任意だと言いながら強制です。義務化と同じです」

「任意ならば作らなければいいのです。そうですね」

「でも、そうなると保険証が困ります。保険証がないと病院にも行けないですので」

「そうですか？　やり方はあるのではないですか？　義務化ではないので、必ず逃げ道は作ってあります。逃げ道を作ってあるけど、その逃げ道を不便なものとし、使わせないようにしているのです。作りたくないならば、あなたもその道を使えばいいのです」

「でも、どんどん不便にされていきます。会社でも必要になったり、子どもを学校に行かせるにも必要だそうです。やっぱり従うしか方法はないのでは？」


「カードが世界統一政府への道だということはお分かりですね」

「はい、それは避けたいのです。どうしたらいいか具体的に教えてください」

「どちらを選ぶか、なのです。あなたのパラレルを選ぶだけです。

あなたは今、またできない理由を探しています。カードがないと何もできないというパラレルばかりを創っています」

「そうですが、でも、抗えないこともあるのでは？

では、カードがなくても日常生活を送る方法を教えていただけますか？」


「カードはまだ義務ではありません。まだ任意です。そこをしっかりと踏まえてください」

「でも、会社で必要な場合は、どうしたらいいのですか？」

「会社には、法律的な話をしてください。もし、あなたが話をしても、何かを言われるならば、カードに反対している法律家の方に相談するという手もあります。どうしてもあなたがカードを作りたくないと思うならば、会社を辞めるという手もあります。

会社に伝えるのがイヤ、怖い、会社を辞めさせられたら困るなどの理由でカードを作ってしまったら、また自動運転に戻ってしまいます。それは世界統一政府へ向かうということです。

マスクのときと同じです。マスクをしなくても大丈夫だった現実をあなたは自分で創りました。ならばカードを作らない現実も創れるのです。

学校もカードがないと通えないならば、学校に行く必要はないのではないですか？

そもそも学校とはどういうシステムなのかご存じですよね。ならば、学校に行くとどうなるか分かりますね。学校は、管理社会に慣らすための訓練所です。没個性の人間を育てる場所です。そこに管理社会のためのツールをわざわざ作って行かせる意味がありますか？」

「確かにそうですね。どうしても今までの考えが抜けないです」

「あなたはこれからの彼らの計画を知っています。何かを考える、選択するときは、いつもそれを思い出してください。どちらの道を選びたいかを考えてください。あなたは考えることで沢山のパラレルを創ることができます。そして、その中で一番あなたがすっきりするパラレルを選ぶことができるのです。

学校に行かせなければいけないと思うパラレルと、学校のシステムがどのようなものか知っているから行かなくてもいいと思うパラレル、もしくは、カードがなくても何も言わない学校を探すなど、いくつも方法を考えることができるのです。

会社も同じです。個人の判断で決める権利を侵害して、カードを強要してくる会社は、これからもずっと何かあると強要してきます。政府が決めたことに何も言わず強要してくる会社に共振していると、どのようなパラレルになるか分かりますね。今、ちょっとだけだからと従っていくと、もっともっと従わなければいけないことになります。カードどころではなくなります」


「しかし、政府の権力はとても強いです。個人ではどうにもならないこともあります」


「例えば、どのようなことでしょうか？」

「保険証がなければ病院に行けませんし、運転免許証もカードを持っていないと免許不携帯ということで罰金を払わされます。それはどうしたらいいのですか？」

「まだ決まっていません。決定ではありません。どうして決定済みのように考えるのですか？」

「今のやり方を見ていたら、どんどんごり押ししてきて、きっと決まってしまいます。そうなったらどうしたらいいのかと」

「どうして、そのような考えになるのでしょうか？　未来は何も決まっていません。そして、未来はあなたが創るのです。未来、あなたのパラレルはあなたが考え、選んだことが現実になります。現実はホログラムです。あなたの考えでどうにでもなるのです。それを忘れないでください」

「と、言われても、自分ひとりだけこの社会から離れることができるとは思えないのです。離れようとしても、きっと追いかけてきます。そして、罰を受けることになるのでは？」

「本当に、どうしてそういう考えしか浮かばないのでしょうか。とても不思議です。会社に行かなければ生きていけない。学校に行かなければいけない。彼らの社会から出ることができない。

ちょっと考えればいいのではありませんか？　会社に行かなくても自分で仕事をすることができます。バッティングセンターのときにもそれはお話しました。学校の話も何度もしました。

どうしても彼らの社会から離れることができないと思いますか?」

「私にはよく分からないのです。どうしたら彼らから離れることができるのか。どうしたらこの社会から出ることができるのか。どこに行っても彼らの目から逃れることができないのではないでしょうか?」

「はっきり言って、彼らは個人のことに興味がありません。だから、大丈夫なのです」

「どういうことですか?」

「彼らは従う人にフォーカスします。従う人の方を向いているのです。だから、従わない人には興味がないのです」

「でも、従わないことによって酷い目に遭うという話があります。従わないことで刑務所に入れられたりしますよ」

「もちろん、大っぴらに法を犯したりすれば捕まります。罰則も科せられます。でも、法を犯したりしなければ、支配者は個人には興味がないのです」

「そこがよく分からないのですが」

「個人には興味がありません。あなたが彼らに思いっきり盾ついたりしたら別ですが、普通に生活していたら彼らの目には、あなたは見えないのです。興味がないからあなたはいない人となるのです」

「従わなくても何もされないということですか？」

「表立って抗うと、前にも言いましたが見せしめ的に罰を与えられたりすることはあります」

「それはよくニュースで見ます。そんなことで？　と思うような些細なことで逮捕されたり、起訴されたり。だから、怖いと思ってしまうのかもしれません」

「それは見せしめです。あと、映画などの影響もあります」

「映画？」

「歴史映画などでよく使われています。王や貴族など支配者に抗った人を酷い目に遭わせるという場面があります。それもできるだけ残酷なシーンにするのです。そういう場面を見ると、無意識に権力者に逆らうのはやめようと刷り込まれるのです。権力者に逆らうと命がない、それも拷問されたり、思いっきり酷い目に遭うと思ってしまうのです。

人々が怖くなって権力者に対して何も抵抗しないように誘導するのです」

「確かに、そんな場面多いですね。キリストの話も映画でも観ました。支配者に盾つき、人々を煽動しようとしたという理由で十字架に磔になった場面とか。政府に対して物申す人を捕まえて思いっきり痛めつける場面とか。その人たちは何もできずに辛い思いをする。そして、それを見ている民衆は目を背け、助けようともせず、助けるどころか酷い言葉を浴びせたりする場面。

そういうことですか。それも刷り込みのひとつだったのですね。ある意味すごいですね、彼らのやり方は。でも時々は民衆が立ち上がり権力者を排除する映画もありますが、それは？」

「それは、ガス抜きです。自分ができないことを映画の中でやってくれると気持ちがすっきりするのです。自分の生活は何も変わらないのに、自分も何かしたかのように思って、すっきりするのです。

そういう映画は、これでもかというほど権力者を悪者にします。普通の人間はしないであろうことも平気でするような人物に描きます。サイコパス的な権力者に対して、人々が立ち上がり勝利するというストーリーですね。権力者に対して大きな憎悪を持たせ、観ている人が感情移入しやすいような作りにします。そのようなストーリーにはヒーローが登場します。そのヒーローの導きのおかげで悪を倒すことができたというストーリーです。

これを繰り返されると人々は自分では何もできないけど、ヒーローが何とかしてくれると思い、自分では何もせずにヒーローを待ち望むことになります。自分に力がないと思わせるのです。

自分で現実を変えることなどできないと思わせるのです。そして、自分の社会の権力者は、そこまで酷い人物ではないからと、ちょっとホッと胸をなでおろすのです。だから、大丈夫だと思うのです。あなたたちが与えられる情報のほとんどは、自分にはできないと思わせる情報ばかりなのです。そして、権力者に逆らうと酷い目に遭うという刷り込みも沢山入れられています」

「そうですね、ヒーローを求めている人は多いですね」

「あなたのヒーローは、あなたなのです。あなたがあなたの現実を創造しているのですから、他人を待ち焦がれる必要はないのです」


「さっきの話に戻ってもいいですか?」

「どの話でしょうか?」

「彼らは個人に興味がないという話です」

「先ほども言いましたが、彼らは従う人にフォーカスしています。従わない人はどうでもいいのです。

例えばワクチンのときにお話しましたが、あなたはワクチンを打っていません。だから、役所からワクチンの接種券がこなくなったのです。二回打たないと三回目は打てなくなります。最初の二回のワクチンはもう終了します。その後はもう打てなくなります、早く打たないともう打てなくなります、そうなっても知りませんよ、と一応脅しますが、それでも打たない人には興味がないのです。

脅しても従わない人は彼らには必要ない人なのです。放っておけばいいと思います。自分たちに従わない少数の人間は、この社会では生きてはいけないのだから放っておけばいいと思っています。だから、追いかけてはきません」

「では、どうやって彼らに見つからず生きていけばいいのでしょうか?」

「普通に生活すればいいのです。マスクのときと同じです。マスクをしないのは、彼らに逆らっているのです。そうですね? でも、彼らはあなたに何かしましたか? 追いかけてきて強要しましたか?」

「いえ、何もされていません」

「あなたは普通に生活できました。それと同じような環境を創ればいいのです。

何度も言いますが、あなたが心配していることは何も起きていません。あなたが勝手に考えているだけです。でも、それがパラレルになることは分かりますね？」

「はい、そうでした」

「そうなるのでは、と心配するパラレルは近寄ってくる風船なのです。どんどんその風船が大きくなってきて、その風船にだけフォーカスするようになってしまいます。そして、そのパラレルを選んでしまうのです。

義務でも何でもないのですから、堂々と拒否すればいいのです。そこで、エネルギーを引いてしまうから押されてしまうのです。義務ではないことを知っていれば、それがどのような道に繋がっているのかを知っていれば、核がブレません。そうなると堂々としていられます。

そして、従わないというパラレルを創り、それを選択することができます。それが環境創りなのです。マスクやワクチンのときのように、カードを作らなくても生活する環境を創ることができるのです。カードを作らなくても彼らはあなたに不利益なことをすることができません。

彼らは抜け道を作っています。その抜け道を使えば、普通に生活することができます。

そして、カードを作らない、従わない人には彼らは興味がありませんので、だんだん共振のラインも切れてきます」

□共振のラインが切れる

「共振のラインが切れるというのは？」

「興味がない、フォーカスしないとラインが切れるのです。ただ、ここまでしっかりと色々なところでラインが繋がっていると一斉に切ることは難しいですので、一本ずつ切っていけばいいのです。彼らの作っている社会、共有のパラレルとの共振が少なくなっていきます。今までの枝から違う方向の枝を伸ばしていくことができるのです」

「保険証と一体化されても、道はあるということですか？」

「今までの保険証をなくすことはできません。保険証をなくすことができると一生懸命吹聴しているだけです。任意であるという前提を覆さないと保険証や免許証と一体化させることはできません。任意のカードに義務、権利であるものを一体化させることはできないのです。彼らがやろうとしていることは矛盾しているので、そこを突かれると困るので逃げ道も作っています。

そして、今、人々の動きが変わってきています。彼らとの共振を切ろうとしている人たちが、増えてきているのです。まだカードのラインだけですが、カードを持ちたくないと思っている人が増えてきて、その人たちの共有のパラレルができ、それに共振する人も増えてきています。それも個人のパラレルの共振ですので、彼らはどこに向かって何をすればいいか分からなくなっているのです」

「どういう意味ですか？」

「自分の判断でマスクをしない人に何もできないのと同じです。彼らは庶民同士で圧力をかけ合うようにして、半強制という雰囲気を作り出すことはできますが、直接あなたに何かをすることはできません。

マスクをしない人たちの共有のパラレルに手を出すことができないのです。そのパラレルは彼らのパラレルとは共振しないので、彼らにはマスクをしない人がどこにいるか分からないのです。個人の生活をいちいち監視することはできません。そんな膨大なパワーをそんなことに使いたくないのです。そんなパワーがあるならば、従う人に向けた方が彼らにも益があるのです。それと同じようにカードを作らない人には何もできません。一人ひとり調査するほどのパワーはないのです。そんなことをしても、イヤです、作りませんと言われてしまうと何もできません。個人に向けて何もできないのです。政府の権力をもってしても、個々に何かをすることはできないのです。あなたはマイナンバーカードを持っていませんね」

「はい、作っていません」

「こうして、あなたは、マスク、ワクチン、カードのラインを切ることができたのです。あなたがイヤだと思い、あなたが望んだパラレル、環境を創ることができたのです。他のラインもこうして切っていけばいいのです」

「他のラインは、結構大変ですね」

「今、あなたは従順になっている人たちと違うパラレルを創っています。マスクをして、ワクチンを打って、カードを持っている人たちと違うパラレルを生きています。その人たちにはあなたは見えません。そんな人がいることもその人たちは考えないのです。あなたはその人たちから消えたのです。

パラレルが違うとあなたとその人たちは共振しませんので、共有のパラレルがなくなってしまうのです。でも、まだあなたも他のところでは、その彼らとの共有のパラレルに共振していますので、まだ離れはじめている感覚がないのです」

「離れはじめている感覚は正直ないです。まだ、今までの社会にどっぷり浸かっている感覚しかないですね」

「見てしまうとそうなります。まだ他のところの共振が切れていないので見えてしまいます。ただ、その見え方が今までと違うと思います」

「どういうことですか？」

「見えているけど、現実感がないという感じだと思います」

「確かにそうですね。何か自分の世界ではないような不思議な感覚を持つときがあります。テレビなどのニュースを見ていても、自分の生活とかけ離れているような、自分とは関係ないような不思議な感覚です」

「それは、あなたの世界ではないからです。見えている世界が遠くであっても、自分と繋がっていると思っているのです。でも、それは違う世界だということを感覚で分かっているのです。テレビなどで見る世界は、言うなれば、今のあなたにはショーウインドウの中の世界のように感じるのです。よく見えるけど、ガラスの向こう側の世界のように感じるのです。それは離れはじめているからなのです」

「難しいですね。ガラスの向こう側でも見えていると共振しているのでは？」

「あなたの目にはマスクをしている人たちが見えています」

「はい、見えています」

「でも、どうしてマスクをするのか、あなたには理解できませんね」

「それは不思議に思います。もう五類になったし、マスクをしなくてもいいと政府も言っているのに、どうしてまだマスクをするのか分かりません」

「それはマスクをしている人も同じです。マスクをしていないあなたに対して、理解できないと思っています。どうしてマスクをしないのでしょうか？　と不思議に思っています」


「え？　そうなのですか？」

「そうです。お互い、同じ世界にいるように見えますが、全く違うパラレルを創っているのです。だから、見えているけど、同じ世界に共振していないという不思議な現象が起きているのです。あなたは理解できない考え方をしている人と、付き合いたいと思いますか？」

「いえ、話が合わなそうですので、あまりお近づきにはなりたくないですね」

「それはお互い様なのです。あなただけではなく、その人もあなたとお近づきになりたくないと思っています。

でも、色々な意味でちょっと興味があるので、ちょっとだけラインを繋げることがあるのです。だから、ちょっとだけ、すれ違った程度でもお互いの姿が見えるのです。でも、見えるだけでそれ以上の交流はしません。だから、ショーウインドウなのです」

「ちょっとだけ興味があるから見えるとは?」

「あなたは、どうして今になってもマスクをしているのでしょうか? と不思議に思っています。その理由を知りたいと思っています。それは興味があるからです。だから、ラインを繋げてしまうのです。

反対に、どうしてマスクをしないのでしょうか? と思っている人も、マスクをしない理由を知りたいと思います。もしくはマスクをしていないことに腹立たしさも感じているかもしれません。それも興味になります。だから、お互いの興味というところでラインを繋げ、現実に現れるのです。全く本当に何も興味がなければ、エネルギーを繋げることはありませんので、現実には入ってこないのです。お互い様なのです」

「お互い様、ということですか」

「全く違う考えの人は、同じ環境に居ないのです。どこかに興味があるから共振し合うのです。

イヤだと思うことも、不思議に思うことも共振しているのです。だから、本当に共振を切りたいと思うならば、無関心になってください」

「無関心になれば、私の世界に入ってこないということですか？」

「そうです。爪でカチカチと音を立てる人の話と同じです。カチカチに気を取られイライラするから余計に聞こえてくるのです。でも、好きな人と共通の趣味の話を夢中でしているとその人の存在もカチカチ音も聞こえなくなります。それと同じなのです。

でも、急に社会のすべてに無関心になるのはムリだと思いますので、少しずつ無関心になっていってください。それがパラレルの移行の方法です」

「無関心と言われても、なかなか難しいですよね。だって、無関心でいようと思っても、向こうから関心を持ってやってくるのですから。カードのことにしてもどんどんごり押ししてきますから、腹も立ちますよ。その腹立たしさはどうしたらいいのですか？　腹が立って仕方がないのに無関心ではいられません」

「ですから、そのエネルギーをパラレルの移行をするために使ってくださいとお伝えしているのです。腹立たしさ、怒りのエネルギーは、とても大きなパワーを持っています。そのパワーを方向転換に使うのです。

怖さを克服するために使ってください。勇気を出すためのエネルギーにしてください」

「どうやって？　どうやって方向転換をしていけばいいのですか？」


「怖い、できない、難しいと思う前に、行動するパワーにしてください。本当にもう我慢できないと思うと、後先考えずに行動できます。そのパラレルを創ってください」

「例えば、どういうことですか？」

「我慢しきれずに突然、会社を辞めてしまったということがありますね。あまりに腹が立って、いつもならば後先のことを考えてのみ込んでいた言葉を、思わず口から出してしまったというようなことです。

それは、あなたが日頃から辞めたいと思って創ってきたパラレルを、衝動的に選択したことで現実が急に変わったということなのです」


「でも、辞めた後に後悔したという話も聞きます。それは後先考えずに無茶なことをしたということではありませんか？　それこそ次のパラレルの予告編を見ないで選んでしまったパラレルになりませんか？」

「辞めることだけにパワーを使ってしまったからです」

「どういうことですか？」

「腹が立って辞めたというパラレルの後に、後悔するのは自動運転に戻ってしまうからです。会社に勤めなければ、生活できないという考えの自動運転に戻ってしまうからです。そうではなく、腹立たしさのパワーを、会社を辞めた後にも使うのです。

というより、そちらの方が大切なのです。

何に腹が立って会社を辞めたのかをしっかりと考えることができれば、その後もパワーを持続することができます。

そして、会社ではできなかったことを自分でやろうと思うことができます。自由に仕事ができなかったことで腹が立って辞めたのならば、自由に自分で仕事ができる環境を創るパワーになります。人間関係がイヤになって会社を辞めたのならば、気持ちのいい人間関係を創れるところにいこうと思えます。そして、自分でそのパラレルを創ることができるのです。

後悔して、自分が悪いことをした、我慢できずに大人気なかったと思ってしまうと、また同じパラレルを創り、似たパラレルを繰り返すことになります」

「経験を上手に使いましょうということですか？」

「経験を上手に使うというか、自分の考えをしっかりと持つということです。会社での不満を解消するだけでなく、その経験から自分はどういう世界を創りたいのかを、はっきりさせるということです。それが具体的になるのです。どうすれば自由に好きな仕事ができるのか、どうすれば気持ちよく仕事ができる人間関係を築くことができるのかが、経験によりはっきりします。自分がどうしたいのかが、はっきりと分かるのです。それが新しい方向のパラレルになるのです。

そして、今までいた会社の人たちとは疎遠になります。あなたの世界からいなくなります。あなたから元の会社の人たちが見えなくなります。反対に元の会社の人たちからもあなたが見えなくなります。お互い全く違うパラレルになるのです。共有していたパラレルの共振が切れるのです。そして、あなたが望む人たちと共有のパラレルを創っていくことになります。あなたの世界が大きく変わるのです。それがパラレルの移行になります」

「会社だけでなく、国というような大きな共有のパラレルでも、同じようなことができるということですか?」

「はい、大きさ、規模は関係ありません。あなたの世界、あなたがどのようなパラレルを創るか、そして、その中で、どのパラレルを選ぶかというだけです。あなたが共振している共有のパラレルの大きさは関係ないのです。

どんなに大きく力の強い共有のパラレルであっても、あなたがその共有のパラレルとの共振を切れば、あなたの世界には関係なくなるのです。あなたがその選択肢を持っているのです」

「国という共有のパラレルと共振しないために、無関心になればいいということですか？でも、無関心になってしまうと、もっとイヤなことをされるようになりませんか？」

「それは自動運転にしてしまうからです。自動運転もまた無関心に従っているということです。何も考えず、彼らの言うことに無関心に従ってしまうから共有のパラレルからの共振が切れないのです。同じ無関心でもまるで方向が違うのです。

自動運転の無関心は、すべてを委ねるということです。どんな世界になろうともかまいません。自分で決めることができないので誰か決めてくださいということです。自分のことにも無関心なのです。でも、知った上で、自分でもうイヤだと思い、その世界に無関心になるのとは違います。私が望む世界とはまるで違うので関わることはやめますということです。

もうイヤで仕方がなかった会社を辞めた後は無関心でいますね。いつまでもあの部署の仕事はどうなったのだろうとは思いませんね？　だから、その会社とはエネルギーが切れ、全くあなたの人生には関係なくなります。

ただし、よくあなたたちが陥るところですが、自分がいないことで部署のプロジェクトが頓挫するのではないかと心配したり、反対にそうなればいいのに、などと考えないでください。それは自分からエネルギーを繋げにいっているのと同じことになり、中途半端にあなたの現実に登場してしまうことになります。だから、パラレルを移行した後は、きっぱりと無関心でいてください。パラレルを移行する前の枝は、あなたにもう関係ないのです。そして、もう見えなくなる世界です」

「見えなくなる世界がよく分からないのですが」

「あなたが選択しなかったパラレルは、あなたには見えないのです。そんなパラレルがあることさえ分からないのです。ジュースを飲んだパラレルのあなたは、ジュースを飲まなかったパラレルのあなたを知らないという話をしたと思います」

「ということは、会社を辞めなかった自分もいるということですか?」

「そうです。あなたが考えたことは、すべてパラレルになります。

そして、その中からあなたが選択したパラレルが、今のあなたの現実となるのです。

だから、選択しなかったパラレルもあります。選択しなかったパラレルには会社を辞めないという選択したあなたもいます。

でも、その会社を辞めなかったパラレルのあなたは、今の会社を辞めたパラレルのあなたとは違うのです。あなたであって、あなたではないのです。

ただ今のあなたも実際のあなたではなく、実際のあなたは、この画面を外で見ているあなたの意識です。

だから、どのパラレルもホログラムなのです。そのホログラムの中にあなたは居るのです。居るというより共振しているのです。でも、今共振しているパラレル、ホログラム以外のパラレルの中のあなたは、今のあなたには全く関係のないあなたなのです。

ですから、今のあなたのパラレルだけのことを考えてください。他のパラレルのことを心配しても何もできません。反対にその望まなかった、選択しなかったパラレルに引きずられ、そちらの方向に戻ってしまうことにもなりかねません」

「過去のことを心配するなということですね」

「簡単に言ってしまえば、そうですね。

マスクをしなかったあなたが、マスクをしている世界のあなたを心配しても仕方がないのです。

マスクをしているあなたは、今のあなたの世界には一切関係ないのですから。全く見えない世界にいるのです」

「それって、先ほどアシュタールが言っていたことですか？　会社を辞めたのに、その会社のことを気にするということですか？」

「そうです。あのとき、あの選択をしていなかったらどうなっていたでしょうか？　とか、あの選択をしなかった自分をイメージしたりすることです。

マスクをし続けている世界を覗いてみたいと思わないことです。それは全く違う世界です。見えない世界です。別の枝の世界を見ようと思わないでください。また引っ張られてしまいます。

今のあなたの世界は、今のあなたが創り、選択した世界です。あなたがあなたの意思で創ったのです。

今あなたが望む状況、環境を創れたのは、何度も言いますが、運がよかったのでも、偶然でもありません。それはあなたが創ったのです。

反対に今のあなたの状況、環境が望むものではないのも、運が悪かったからでも、環境のせいでもありません。あなたが創って、それを選択したからです。

だから、自分が選択しなかった世界を悔んだり、あのときあの選択をしていたらなどと思う必要はないのです。そう思っても仕方がないのです。

あなたの後ろの過去のタイムラインにおいても、あのとき明治維新が起きなかったら、と考えても仕方がないのは分かりますね。

あなたの今の現実においても同じです。今の世界だけを見ていてください。

そして、イヤならば新しく自分でパラレルを創り、その中から好きなパラレルを選択してください。そうすればショーウインドウもあまり見えなくなってきます」

「ショーウインドウが見えなくなるというのは、世界が大きく分かれていくということですか？」

「そうです。今見えているのは近いパラレルです。まだあなたも関わっている、共振しているパラレルです。見えているショーウインドウの奥には、別の世界があるのです。あなたには見えない世界が広がっているのです」

「どのような？」

「あなたが希望している世界と反対の世界です」

「世界統一政府への道ですか？　それは二極化という話ですか？」

□二極化

「今まで、あなたが共振していた世界には、大きく二つの流れができています。正反対の流れです。木の幹が大きく二つに分かれているのです」

「枝ではなく、幹が分かれているのですか？」

「枝ではなく幹が分かれています。江戸時代から明治維新の流れになった幹と、江戸時代が続いている幹のように、枝ではなく幹から大きく分かれはじめているのです」

「世界統一政府へ向かう幹と、それとは反対の社会に向かう幹ということですか？」

「そう言えばそうなのですが、人のエネルギーの流れと言ってもいいと思います。幹と表現すると何かもう決められた世界のように感じてしまいます。幹といっても固定されたものではありません。エネルギーの流れなのです。そのどちらの流れに乗るかということです。

二つのエネルギーの流れは交わりません。まるで違う世界ですので交わることがないのです。だから、お互い見えないのです」

「それが二極化ということなんですね」

「世界、国、政府と呼ばれるものも概念です。実体があるわけではありません」

「どういうことですか？」

「国を象徴するものは何だと思いますか？」

「国を象徴するもの・・・国旗？　国家？　国会議事堂？　天皇？　首相？　ですか？」

「それが国ですか？　では、国のために、という言葉をよく聞きますが、その国とは何でしょうか？」

「また禅問答のようになってきましたね。国のために・・・国民ということでしょうか？」

「国会議事堂のような建物は国ではありません。それは国を運営するために建てられた建物です。国と呼ばれる人もいません。国の元首はいますが、その元首も流動的なものです。時間が経てば代替わりします。国というのは実体がないのです。漠然としたものなのです。戦争を考えていただければお分かりになると思います。国を守るために、という言葉で戦争を始めますが、その国とは何を指して言っているのでしょうか？　と考えてみてください。国土を守るといいますが、国土とは何でしょうか？　山、川、海、森などを国土と言うならば、それは人間が守る必要はありません。戦争が起きてもそれらはなくなりません」

「そう言われればそうですね。国とは何なのでしょうか？」


「支配者たちが作り上げた概念に過ぎないのです。国民が国だというのならば、その国民同士を戦わせるというのは、ナンセンス以外の何ものでもありません。

国という概念は、人々を煽動するためのものです。それは昔から使われていました。

土地を所有している貴族と呼ばれる人たちが、自分たちの領土を守るために、人々にもその土地は自分たちの土地だと刷り込んだのです。

その頃から戦争は、貴族たちの土地の取り合いに過ぎなかったのです。より広い土地を所有することで自分たち貴族の利益が増えるのです。

その土地に住む人々を支配し、働かせ、搾取することで、自分たちは大きな利益を得ることができるのです。だから、もっと広い土地が欲しいと思います。でも、戦争には実際に戦ってくれる人々が必要なのです。

だから、本当は貴族の土地で、人々には何も利益がないのに、さも自分たちの土地でもあるかのようにミスリードします。その土地を奪いにくる人たちを敵だと認識させ、自分の家族の住む土地を守るために戦おうと煽動するのです。今の自分たちが負けてしまったら、別の貴族がきて、もっと圧政に苦しむことになりますよと脅します。実は人々はどの貴族に支配されても大して変わらないのです。それが今は国と呼ばれる概念に繋がっているのです。国という実体はありません。国という確固としたものが実際にあるわけではないのです。あると思っているだけなのです」

「国が昔の貴族だと思えば、何か分かる気がします。国を運営するためにと税金を徴収しながら、その使い道は全く知らされない。政治家がどれだけ自分たちに税金を使っているのか分からないです。

そして、今も外敵を作って戦争をしようとしていますよね。本当に国って何だろうって思います。そういう視点で国というものを考えたことがありませんでした」

「何故このような話をしているのかと言うと、国は確固としたものではないということを理解していただきたいからです。

あなたは国が巨大で、自分たちには手も足も出ないものだと思い込んでしまっています。

だから、国には抗えない、従うしかないと思っています。国に抗えば生きていけないと思っているのです。でも、国とはそのような脆弱な概念なのです。

国というものは、個人の集まりなのです。個人が集まった組織に過ぎないのです。

どんなに力を持った政府の高官や政治家であっても、国ではありません。首相、元首、総理と呼ばれる人であっても、個人なのです。国ではありません。個人で一般の人よりもちょっとだけ権力があるというだけです。その人たちもどんどん代わっていきます。政情によって辞めさせられます。そうなるとただの人です。権力を怖がらないでいただきたいのです。

国という言葉を聞くと、ものすごい権力を持った何かがあると思ってしまいますが、そうではなく、国という概念があるだけなのです。そして、その国という概念を使って、権力を持った振りをしている人たちがいるだけなのです。そして、権力とは何だと思いますか？」

「権力ですか？　大きな力、人を従わせる力ですか」

「人を従わせる力と言えばそうなのですが、誰も従わなければどうでしょうか？」

「従わなければ、罰を与え、従わせる力を持っているのが権力者なのでは？」

「それも権力という概念に過ぎません。権力を持っているかのように思わせるのです。罰を与える権力を持っていると思わせるのです。その概念によって人々は怖がり従うのです。

でも、実際に多くの人たちが従わなければどうなるでしょうか？」

「多くの人たちが従わなければ、隣の国で起きたように民衆と国の衝突になり悲劇が起きます」

「それは対立したからです」

「どういうことですか？」

「人々が集まって国の権力者に歯向かう行為をしたからです」

「でも、それは従わないという人々の表明なのでは？」

「対立をすると、力の強い方が勝ちます。国という組織は、武器なども持っています。民衆の力では太刀打ちできないのです。そうではないのです」

「では、どうすればいいのですか?」

「昔の貴族の荘園などと同じだと考えてください。荘園は貴族の所有地です。その所有地に住む人々は、住まわせてもらっている代わりに働きます。採れた農作物や工芸品などを貴族に差し出します。いわゆる税金のようなものです。ここにもすでに刷り込まれた概念があるのはお分かりでしょうか?」

「刷り込まれた概念?」

「そこは貴族の土地で、そこに住まわせていただいているという考えです。だから、貴族の言うことに従わなければいけないと思っているのです。貴族が作物を徴収すると言えば持っていかなければいけないと思っているのです」

「そうか、そうですね。でも、貴族の荘園と国とは違いますよね。貴族の荘園は、明らかに自分たちの利益ですが、国の税金は、それこそ国民のために集めているのです。国民の相互扶助のためです。誰か困った人がいたら、その人のために使うお金という名目で集めているのです」

「ならば、自分たちで管理すればいいのではないですか？　誰が税金の使い道を決めているのでしょうか？　先ほども言いましたが、国という実体がないのに、税金の使い道は知らされません。先ほどあなたもおっしゃったように税金の使い道は知らされません。今は特にそうではないでしょうか？　政治家や官僚の人たちの一存で決まっていませんか？それでは貴族の頃の徴収と変わらないですね」

「確かにそうですね。何のために税金を払っているのか分からないことが多々あります。何のために使われているのか分からない上に、どんどん税率も高くなっていっています」
「それが世界統一政府への道なのです。世界統一政府は、個人所有を認めません。すべて国、政府のものだと主張します。その、国、政府という概念が貴族と同じなのです。国、政府という名前に変わっていますが、実際は一部の少数の人たちの所有となります。それは昔の荘園の貴族と同じです。世界統一政府の実権を握った人たちだけが所有できるシステムなのです」

「では、どうすればいいのですか？」

「荘園の規模で考えてみてください。もし、荘園にいる人たちがいなくなったら、貴族はどうなりますか？」

「いなくなったら、困りますね。働く人がいなくなったら作物もできませんから、自分たちも食べられなくなります」

「そうですね、それが鍵なのです」

「鍵とは？」

「貴族は少数です。少数の人たちが多数の人たちを従わせているのです。力を誇示して恐怖を与え、支配しているのです。ならば、荘園の生活がイヤだと思えばどうすればいいと思いますか？」


「貴族に文句を言う？　もっと条件を改善するように陳情する？」

「それでは、何も変わりません。もし、改善されたとしても少しの間だけです。少し時間が経てばまた同じことになります」


「じゃあ、出ていく？」

「そうです。荘園から出ていけばいいのです」

「でも、それではその人たちは生きていけないのでは？」

「どうしてですか？」

「まず食べ物に困ります。土地は持っていけませんから食べ物を作ることができません。そして、住むところにも困ります」

「そうでしょうか？　食べ物を作っているのは誰ですか？」

「庶民ですが、でも土地がなければ作ることはできません」

「土地はすべて人の所有地ですか？　貴族に所有されていない土地も沢山あるのではないですか？　それに、家を建てているのも人々です。建て方も知っています。材料もどうすればいいか知っています。人々の知識を使えば何も困らないのです」

「でも、日本の土地はすべて国の所有です。個人で所有していると思っていても、固定資産税というものがあって、毎年土地を所有するための税金を払わなければいけません。家もそうです。それを払わなければ土地も家も没収されます。自分の土地であって、自分の土地ではないのです。だから、どこかに出て作物を作ることもできないのです。荘園の頃とは違うのです」

「少しずつラインを切っていけばいいのです。マスクのときにもお話ししましたが、あなたはマスクもワクチンもマイナンバーカードも、今の社会とのラインを切れたのです。それはあなたが自分で創ったパラレルに移行したのです。自分でその環境を創ったのです。それはご理解いただけましたでしょうか？」

「はい、それに関しては何となくは理解できましたが、お金や税金に関してはどうでしょうか？そんなことができるのでしょうか？」

「あなたにとって今、お金に関することが一番太いラインのようですね。その太いラインが切れれば、パラレルを移行できます」

「どうすればいいか具体的に教えていただけますか？」

「急にはムリだということは、ご理解くださいね。少しずつ切っていくしかありません」

「はい、そこは理解しています」

「まず、税金は払ってください。土地の所有のために固定資産税を払うことを嫌がらないでください。税金を払いたくない気持ちは分かりますが、そこに固執してしまうとお金も入ってこなくなります。お金は必要なときには、必要なだけ手にすることができるのです。だって、あなたがその環境を創ればいいのですから」

「環境を創ると言われても、マスクのようにはいかないのです。どうしたらいいか、本当に分かりません」

「あなたは今の社会の共有のパラレルに共振しています。でも、少しずつその共有のパラレルとの共振を切っていっています。あとはその太い共振を切ることです。そのためには、税金が大きな障害となっているようです。ですから、まずは税金を払うという覚悟をしてください。ただ、無駄に払う必要はありません。最小限必要な税金だけです」

「それはどうしたらいいのですか？」

「東京の一等地に土地を所有している人と、地方に土地を所有している人では、固定資産税は違いますね。大きく違うと思います」

「では、地方に住めばいいということですか？」

「それも一案です。あなたたちには都市、人が沢山住んでいるところでなければ、不便な生活をしなければいけないという刷り込みがあります。人が沢山いないと環境が整備されず、買い物も不便になると思い、そして、仕事もないのでお金も入ってこないと思わされています。地方では仕事の取り合いになってしまうと思っています」

「おっしゃりたいことは分かりますが、でも、それは本当のことです。過疎地では生活しにくくなるのは本当です。だから、みんな大きな都市に出ていこうとするのです」

「本当に不便だと思いますか？」

「どういうことでしょうか？」

「東京などの大都会に住んでいる方がカッコいいという気持ちがありませんか？　それがお金とのエネルギーが切れない原因にもなるのです」

「特にカッコいいとは思ってはいませんが、やっぱり人里離れた田舎では、つまらないとは思います」

「そう思っていると今の共有のパラレルとの共振を切ることは難しくなります。

今の社会は、派手なことを好むようにミスリードしていくのです。派手な生活に憧れ、作られた商業施設で遊ぶことが、ステキな休日と思わされているのです。

そのために、毎日、毎日、お金を稼ぐことだけのために働くのです。流行の服や最新の電化製品などを手に入れ、便利に派手に暮らしたいと思い、そのためだけに朝から晩まで働く生活になります。それを望んでいるのです。でも、本当にそれがカッコいい、ステキな生き方でしょうか？」

「確かに、田舎には遊ぶところも少ないですし、毎日地味な生活でつまらないような気がします」

「そこですね。都会ではコンビニも近くにあるし、カラオケもあるし、便利で楽しいことが沢山あると思っています。

でも、毎日の生活を考えてみてください。お金だけを追い求め、便利な生活をするために働く。我慢ばかりして働く生活です。そうなると目指している楽しい生活もできません。

たとえ、ステキな家を買ったとしても、そのローン、借金を払うために朝から晩まで働き、せっかく買った家には、寝に帰るだけです。家にいる時間を楽しむこともできません。車を買っても、時間がなくて、ほとんど乗ることができません。楽しそうな商業施設に行っても、休日は沢山の人がいて乗りたいと思っているアトラクションにも少ししか乗れません。そして、クタクタになって帰ってきて、また次の日も仕事に行くという繰り返し。一見派手で楽しそうに見えますが、生活は楽しいものではなくなります。お金がなければ楽しむこともできないのです。それが都会の生活です」

「でも、田舎で自給自足のような生活は、私にはできません」

「自給自足の生活をしてくださいとは言っていません。田舎イコール自給自足、地味でつまらない生活という考えを手放してください」


「でも、そうなりますよね。遊びにいくところもないし、気に入った服を買ったとしても、それを着ていくところもない。それってつまらない生活じゃないですか？」

「きれいな服を着て、派手な場所に行くことを望むのであれば、今のパラレルとの共振を切ることはできません。楽しみを違う視点で考えることがパラレルの移行になります」


「それって、何だかつまらない世界に移行するようで、ちょっと考えてしまいます」

「価値観の相違ですね。そのような生活を望むのであれば、その枝を伸ばしてください。今のままの自動運転をしていけば、そのままのパラレルを創ることができます。でも、そのまま彼らが作っている流れに乗っていけば、そのまま世界統一政府の方へ繋がっていきます。

ただ、最終的なパラレルはどうなるでしょうか？

我慢ばかりの人生でも、我慢もまた楽しかったと思って死ねるのであれば、それは、それでいいとは思います。でも、あなたが望んでいるパラレルはそうではありませんね？」
「はい、自由に生きることができて、楽しかったって思いながら死にたいです」

□最終的なパラレル

「二つの世界を同時に体験することはできないのです。それを理解してください。彼らは彼らの世界を楽しそうに見せます。でも、実際は違うのです。一瞬の楽しさのために、ずっと我慢し続ける世界を創っているのです。彼らはあなたたちをずっと自分たちの創るパラレルに共振させておきたいのです。楽しく見える世界は、そのためのものです。レストランの前にある食品サンプルと同じなのです。ここに入るとこんなに美味しい物が食べられますよと見せますが、実際には食べられないのです。または、ちょっとだけ味見をさせて取り上げるのです。そして、もっと働きなさい、そうすれば、いつかはもう少し食べられますよと言います。

それを食べるためにあなたたちは働き、最後に、結局少ししか食べられなかった、もしくは全く食べられなかったと思いながら死ぬというパラレルを創るのです」

「なんだか、切ない話ですね。派手な世界を望んでしまうから切ることができないということですか？」

「派手な世界というよりも、彼らに見せられている食品サンプルを追い求めているということですね。彼らが、これが幸せな生き方ですと示しているモデルケースの生き方を追い求めているのです。

価値観を変えてみてください。価値観が変わるとお金に対しての考えも変わります」

「価値観を変えるとは？」

「まず、あなたが言ったことですけど、気に入った服を買っても着ていくところがないということです。何のために服を着ているのですか？　人に見せるためですか？　羨ましいと思ってもらうためですか？」

「いや、そんなことじゃなくて、好きな服を着たいと思っているだけです」

「ならば、好きな服を着てください。行くところがないと嘆くことはありませんね。家で着ていても満足できます」

「そりゃそうですけど、でも、家で着ていてもつまらないですよね」

「そう思うということは、人に見せたいということです。人に見てもらって、ステキですね、という言葉が欲しいということです。そのために働いているのです。

あなたたちは人の目を気にしすぎます。人の評価が自分の価値になってしまっているのです。だから、人から良い評価をもらうために頑張っているのです。服が気に入っているのであれば、家で着ていても満足することができます。そして、遊びにいくところもないとおっしゃいますが、彼らが与えてくれる有名な商業施設だけが遊ぶところではありません。大きな舞台施設に行かなければ、歌やお芝居を楽しむことができないわけでもありません。何かがなければ、楽しむことができないわけではありません。自分で楽しい遊びを創ればいいのです」

「楽しい遊びを創ると言われても、何をどうしたらいいか分からないです」

「違う視点で考えることができれば、生活が楽しい遊びになります」

「生活が？　毎日の生活は、つまらないですよ。同じことの繰り返しでエンドレスですし」

「それは、あなたが今の社会において疲れてしまっているからです」

「まぁ、疲れているのは確かですが、でも、疲れてなくても、毎日の生活は、地味でつまらないと思います」

「その考えだと何をしても楽しめなくなります。生活が義務になってしまうからです」

「生活が義務になるというのはどういうことですか？」

「起きなければいけない、仕事をしなければいけない、食べなければいけない、お風呂に入らなければいけない、洗濯しなければいけない、早く寝なければいけないと、生活が義務に感じてしまうのです」

「でも、実際そうですよね。しなければいけないことが沢山あるのですから」

「しなくてもいいことまで、しなければいけないと思っていませんか？」

「それはないですね。しなければいけないことが山のようにあります。それをしなければ生活できないのですから」

「本来ならば大きな楽しみでもある食事でさえ、食べることも楽しめなくなっていませんか？早く食べなければ午後の仕事に差し支える、早く食べて早くお風呂に入って、早く寝なければ明日の仕事に差し支えると思って、楽しめなくなっていませんか？」

「そうですね、食事する時間も勿体ないと感じることがあります。ちゃっちゃっと食べて違うことをしようと思います」

「それでは生活は楽しめません。お風呂もそうです。お湯に浸る気持ちよさもしっかりと感じることなく、ちゃっちゃっと入ってしまおうと思うのです。お風呂が身体を洗うためだけの時間になってしまって、楽しもうと思えなくなるのです。

寝るときも早く寝なきゃと思いすぎて、精神的に寝る準備ができていないのに、ムリに眠ろうとするから眠れなくなってしまうのです。身体も疲れすぎると眠りが浅くなってしまいます。疲れすぎて気を失うように眠ったとしても熟睡はできないのです。ゆっくりと眠ることができなければ朝起きるのも辛くなります。あなたは生活を楽しめていないのです」

「生活は楽しむものなのですか?」

「生活が人生です。毎日の生活が、人生になるのです。毎日の生活が楽しめなければ、楽しい人生など創れません。あ〜、楽しかったと言って死ぬことはできないのです」

「確かに、そう言われるとそうですね。でも、毎日の生活を楽しめって言われても、何をどう考えていいのか分からないです」

「すべてをゆっくりにするのです。朝もゆっくり起きて、ご飯を食べるときも食べたい物をゆっくりと食べる。お風呂もお湯の温度や肌に当たる水を感じながら入ってください。寝るときも眠くなったら寝ればいいのです。無理に寝ようとする必要はありません」

「そんなことできるわけないじゃないですか。時間がないのです。毎日忙しいのですから」

「何がそんなに忙しいのですか？」

「仕事に行かなければいけません。仕事の時間は決まっているのです。仕事も沢山あります。仕事を終わらせるためには急がなければいけないのです」

「何のためにそんなに沢山働かなければいけないのですか？」

「生きるためです。生活するためのお金を稼がなければいけないからです」

「では、必要なお金を減らしていけばいいのではありませんか？」

「自給自足ですか？　それは私にはできないと言いましたが」

「何から何まで自分でしなくても生活はできます」

「どういうことですか？」

「固定資産税の話に戻しますね。固定資産税は、まだ払わなければいけません。でも、地価が安いところに住めば固定資産税は少なくて済みます。

そして、人に見せるため、良い評価を得るための服を買わなければ衣服代も安く済みます。

そんなに沢山の服も必要なくなります。そのためのお金も必要なくなります。彼らが提示してくる派手な生活をしなければ、そんなに朝から晩まで働かなくてもよくなるのです。家にいる時間も増えますから、生活も楽しめるようになります。買ってきたおかずを急いで電子レンジでチンして食べるご飯もいいかもしれませんが、自分で作ったおかずでご飯を食べるのも楽しいと思えるようになります。今度はこれを作ってみようかなと献立を考えること、実際に作ってみることに楽しさを感じられるようになります。そんなにお金を稼がなくても生活ができるようになるのです」

「でも、食材などは買ってこなくてはいけませんよね。それはどうするのですか？　そして、地価が安いところに行けばいいと言われますが、田舎では仕事が少ないのです」

「仕事は、作ればいいのです」

「そんなに簡単に言わないでください。仕事を作るなんてそんな簡単なことではありません」

「だから、何から何まで一人でする必要はないとお伝えしているのです」

「ちょっと意味が分からないのですが」

「バッティングセンターの話を思い出してください。そして、マスクのときの話も併せて思い出してください」

「バッティングセンターを何人かで造ったという話ですか？」

「野球の好きな人がピッチングマシーンのようなものが欲しいと思ったのが始まりです。そのアイディアを、知っている人に話し、それを聞いた人たちがまたアイディアを出し合ってできたのがバッティングセンターなのです。誰かの〝こんなのがあったらいいな〟という思いが仕事になるのです。

仕事とは、需要と供給です。それを考えていけば仕事はいくらでも作り出すことができます。今ある仕事もすべてそうやってできたのです。大きいと思われる仕事もすべて小さなアイディアから始まっているのです。それを現実にした人たちがいるだけです。人がいれば仕事は作れます。

そして、もうひとつ、マスクのときの話ですが、あなたはマスクをしたくないと思いました。そのときにマスクに関して今の社会のマスクの共有部分の共振を切ったのです。そのときには意識していないと思いますが、同じような考え方、マスクは不要だと思っていた人たちと新しいパラレルを創り、共振して、今の社会のパラレルと違うパラレルを創ったのです。それと同じことをすればいいのです。

派手で煌びやかに見える今の社会のパラレルではなく、本当に楽しいと思えるパラレルを創り、それと共振する人たちと繋がればいいのです。そのパラレルは創造を楽しむパラレルになります。今の社会のように、彼らに与えられたものだけで生きるのではなく、自分たちで創り上げていく創造の方向のパラレルです。そうなると、ゆくゆくはお金など必要のない世界になります。はっきりと違う方向のパラレルを創ることができるのです」

「どういうことですか?」

「あなたは、都会、今の彼らのパラレルを離れると、自給自足の暮らしをしなければいけないと思い込んでいるようですが、全くそのようなことはありません」

「では、どうやって生活していけばいいのですか?」

「作物を作ることが得意な人がいます。その人に任せればいいのです。あなたが自分で作物を作り、それを収穫し料理しなくてもいいのです。それぞれに、その作業が好きな人に任せておけばいいのです」

「それって、よく世間で言われているコミュニティーのような生活のことですか?」

「あなたが言っているコミュニティーとは、皆で同じところに住んで、役割を決めて生活するということですか?」

「そうです、食材を作る班と、それを使って全員分の食事を作る班、外に働きに行ってお金を得る班、子どもを育てる班、建設などの工事を請け負う班など、それぞれの班を作って皆で生活することです」

「それでは、今の社会とあまり変わらないですね。自由がありません。仕事が義務になってしまいます」


「では、アシュタールが言っている世界を、どのようにイメージすればいいのですか？」

「一緒に住む必要などありません。そして、役割など決める必要もありません。それぞれが好きなことをすればいいのです。それだけでいいのです」


「それだけでは生活はできないのではないですか？」

「あなた個人の世界と、あなたと同じような考え方をしている人たちの個人個人のパラレルを繋げばいいのです」

「また、よく分からなくなってきました。どういうことですか？」

「あなたの現実に登場するのは、あなたとラインを繋いだ人だけです。あなたとラインを繋いでいる人たちと共有のパラレルができるのです。その中で好きなことをしていれば生活はできます。社会は人々がいるから成り立つのです。人々がそれぞれ好きな仕事をしているから社会は回っているのです。

権力者が何かをしているのではありません。それは荘園の話のときにもお話しました。

貴族は何もしません。貴族がしているのは領土を広げることと、その領土にいる人々から労働力を搾取することだけです。人々がいなくなれば、荘園は成り立たなくなります。

それは大きく見える国でも同じです。国という概念を支えているのは人々です。だから、人がいれば何も困らないのです。それも同じ方向のパラレルを創りたいと思っている人たちが、ラインを繋ぎ合えば何も困らないのです。ラインを繋げる人は、合う人だけです。合わない人とラインを繋げなければ、あなたの現実にイヤだと思う人は登場しなくなります。平和ですね」

「それは・・・そうですけど、でも」

「まだ、何か？」

「好きな人たちと暮らしていても、お金は、必要ですよね」

「しばらくは必要です。でも、今の社会との共振が切れていけば、だんだん必要ではなくなっていきます。お金という概念がなくなっていくのです」

「どうやって？」

「マスクのときと同じように、不必要だと思う人たちが、ラインを繫ぎ合えばいいのです。まずは、仕事を作ることから始めればいいのではないでしょうか？

仕事があれば、とりあえずお金は、稼ぐことができます。それは、それぞれの人のお金ですので、共有しようと思わないでください。それだと国のような組織になってしまいます。

そうではなく、あくまでも個人の世界です。個人の世界を繫ぎ合うのです。

そして、個人個人好きな仕事をします。一人でしてもいいし、何人かでアイディアなどを出し合って仕事を作ってもいいと思います。

お金があれば、税金も払うことができますので、権力者たちは、何も口出しはしてきません。

そして、だんだんパラレルを共有する人たちの中で、お金を使わない方向に向かえばいいのです。

例えば、大根を作ったら、それを繫がったパラレルの人に差し上げる、それをもらった人が料理をする、その料理を大根を作った人も食べる、そこにはお金は介在しません。でも、それぞれに満足します。簡単に言うとそういうことです。

それぞれに好きなことをして、それを提供し合うことで、お金を使わなくても今の生活と同じことができるのです。

食料だけではなく、家を建てることができる人もいますし、服を作ることができる人もいます。今の社会でしていることをお互い提供していけば何も困らないのです。

一緒に暮らす必要などありません。ただお互いのできることを提供し合えばいいのです。お金を使わずに生きていくことができれば、税金もかからなくなります。そして、ワクチンのときにお話したように、政府から興味を持たれなくなるのです」

「そこがよく分からないのですが、興味を持たれなくなると税金も払わなくてよくなるということですか？」

「何度も言いますが、最初は必要です。でも、だんだん彼らも、あなたに興味を持たなくなっていきます。これが、パラレルが離れるということなのですが、あなたの存在が、彼らには見えなくなっていくのです。ワクチンの接種券がこなくなったように」

「でも、そうやって社会のシステムから離れて、生きていけるんですか？」

「今の社会との共振を切りたいと言いながら、どうして今の社会の依存システムに頼ろうと思うのですか？　国、政府への依存の考えを持っていると、ずっとそこに共振しなければいけなくなります」

「でも、実際困ることもあるんじゃないですか？」

「同じパラレルを創って共振し合う人たちがいれば、大丈夫なのです。そのパラレルは今の社会のパラレルとは共振しませんので、今のパラレルの支配者たちは、何もできなくなります。今の社会の支配者たちには、あなたたちが見えなくなるのです。

これは物質的なところだけで理解しようとすると、とても難しいと思います。

でも実際にあなたは、マスクやワクチンの件で、これができたのです。

国や政府、権力者に依存している限り、そこからは離れることはできないのです。

離さないためにそのようなシステムを作っているのです。それも食品サンプルのようなものなのです。最後には助けてあげますよと言いながら、そのシステムを使わせないようにしていませんか？」

「確かにそうですね。生活保護なども、とても厳しい基準があって、なかなか出してくれないみたいです」

「国、政府は、荘園と同じなのです。守ってあげると言いながら、守ってはくれないのです。

戦争が起きたときに、まず危ない戦地に行かされるのは国民です。荘園と同じです。貴族や権力者は行きません。

そして、その戦争から生まれる利益は、貴族や権力者だけが得るのです。

守ってあげますという言葉は、食品サンプルなのです。そう言っておけば、国民は自分たちのために働いてくれるからです。

今、彼らが進めているマイナンバーカードは、支配や管理をもっと強化するためのものです。

名前だと煩雑な業務が必要なので、数字にして管理しようとしているのです。

それは、個人を人間として考えるのではなく、機械として管理しようとしているのです。

そしてこのあと計画している、人間の機械化。その機械化した人々を管理しやすいように考えているのです。

そのようなマイナンバーカードが、この先将来的にあなたには必要ですか？　という話です。

今のところあなたは、マイナンバーカードを持たない選択ができているのです。

社会システムから離れていくことに、今はかなり不安感が強く出ると思いますが、ゆくゆくはご理解いただけると思います。

お金の問題だけでなく、管理システムからの脱却ができれば、本当に今の社会との共振が切れます。エネルギーも実質的にも違うパラレルの枝を伸ばし続けることができます。

そして、お互い見えないくらい離れていくのです。これがパラレルワールドの移行なのです。

今の社会から、あなたが消えるということになります。あなたからも今の社会は見えなくなるのです」

「そのような話を、実際に考えてみようと思うと、かなり勇気がいりますね」

「ですから、急にはムリです。

その方向で少しずつ考えてみてくださいとお伝えしているのです。

あなたがそうしたいと思えば必ずできます。

あなたと共振している人たちと一緒に考えていけば、アイディアは沢山浮かんできます。

今お話したのは、かなり先のパラレルのひとつです。

こういうパラレルも創れますという話です。

三年後にハワイに旅行したいと思うパラレルと同じようなものだと考えてください。

三年後にハワイに行きたいと思うから、そのパラレルができるのです。

そして、そのパラレルを体験するために、どうしようかと考えることができ、そして、実際にそのパラレルを体験します。

三年後にハワイに行けるかどうか心配するのではなく、そのパラレルへの道を考えてください。

深刻になると辛い道だと思えてきます。

でも、ハワイで何をしようかと考えていると楽しくなります。

それをイメージしながら、そこまでのパラレルを繋げていってください。

あなたの前には、大きな二つの道があります。

ハワイに向かって進む道と、それを諦めて行かないと思う道です。

どちらを選んでもいいのです。

ただ、どちらを選んだ方が楽しかったと思って死ねますか？　ということです。

あなたの最終的なパラレルを決め、それに向かって〝今〟のパラレルを創り続けてください。

それが人生なのです。人生は、毎日の選択の連続です。

あなたが考えたことが、すべてパラレルになります。

その中からあなたが選ぶだけなのです。

パラレルワールドについて色々な角度からお話させていただきましたが、
根本はとてもシンプルなのです。

あなたのパラレルを楽しんで創っていただければと思います」

「アシュタール、ありがとうございました」

「今回もすぐには理解できない話が沢山ありましたが、最後にアシュタールが言っていたように、本当は、とてもシンプルなことなのかもしれません。

でも私たちには、そのシンプルなことが分からなくなってしまっているのでアシュタールは、色々な角度から具体的に話してくれたのだと思います。

この本だけでは、理解しにくいことも沢山あると思いますので
是非、前著『アシュタール　宇宙の真実　77のディスクロージャー』をはじめ、
ミナミAアシュタールの著書　全八冊や
十二年間、毎日書き続けているブログ「ミナミのライトらいとライフ」をお読みいただければと思います。

今の社会のパラレルワールドから脱出して、新しいパラレルワールドを創っていきたいと思い、私たちミナミAアシュタールも新しい試みを始めています。

じょうもんの麓　オンラインサロンも始めました。

今後の私たちの活動をお楽しみにしてくださいませ。

またまた長い対談になりましたが、最後までお付き合いいただきありがとうございました。

心より感謝いたします」

オンラインサロン

2023年8月オープン！ 月額1,100円（税込）

☆提供コンテンツ・参加特典☆

ミナミAアシュタールの一般公開しない最新情報！

YouTubeやブログなどオープンなwebでは

公開しない情報を月4本配信します。

・現在の状況や未来の予測などの動画
・ふ〜みん限定サロンライブLive
・超次元ライブLiveなどのアーカイブ配信
・ふ〜みん限定ワークショップ

会員数6,002人！

(2023.8.22 現在)

チャンネル

2023年10月
チャンネル開設！

超次元ライブ（登録者7万2,000人）と
ミナミAアシュタールRadio(登録者5万4,000人)が

1つになって新たにスタート！

アシュタールのメッセージを
ミナミが直接お届けするチャンネルです。
『ミナミのライトらいとライフ ~light,right,life~』に
毎日書かれているアシュタールのメッセージを、
ミナミの声とみづの自然溢れるイラストで
皆さんにおとどけいたします。

出演：アシュタール（メッセージ）
ミナミ（通訳者）
みづ（イラスト）

『ミナミのライトらいとライフ～ light,right,life~』

https://ameblo.jp/kuni-isle/

ミナミＡアシュタール®

ピラミッド社会から

横並びの丸い社会に移行するためには

どう思考を変えるのか？

3 次元から 5 次元に移行する方法や思考を変える解説、

視聴者の方々からの質問に お答えしていく番組です。

出演：あつし、ミナミ、さくや（宇宙人）

累計視聴回数　約 2,100 万回

チャンネル登録者数 7.2 万

（2023.8.10 現在）

身体を持たずエネルギーで存在している
宇宙存在の「アシュタール」

宇宙の「真実」を次々と明らかにしていく

地球人である我々が普段から
疑問に思っている「なぜ」

また、どうしても我々が知りたい**「真実」**
その「なぜ」や「真実」はたくさんある。
地球人を代表して「あつし」は、
それら77のことについて
率直かつ具体的にアシュタールに質問する。
その質問に答えつつアシュタールは
驚くべき真実を次々と明らかにしていく。

・宇宙の真実とは？
・思考エネルギーの使い方とは？
・ワンネスとは？
・現実はホログラム
・身体も波動エネルギー
・死について
・なぜ病気になる？
・睡眠・夢
・お金のこと
・爬虫類族の支配
・スピリチュアル
・幸せの概念
・男と女
・宇宙はシンプル

等々・・・

引き込まれるように読み進めるうち、
真実の世界が次第に明らかになっていく。

その真実はまさに衝撃的だが、
アシュタールは対談を通じて
我々に本当に伝えたかったことを
最後に明らかにする。
それは、地球人である我々への
応援メッセージだ。

最後まで読み進め、
ぜひアシュタールの温かいメッセージを
受け取ってほしい。

ミナミ A アシュタール®

ミナミ A アシュタールは、宇宙人のさくや、アシュタール、
地球人のミナミ、あつしとでつくっているチームです。

ミナミ

幼少期に、 超感覚に目覚める。

ある日に他の子どもたちと違うことを自覚し、その不思議な感覚を封印した。

大学卒業後は CA となり国際線勤務。結婚して波乱の人生を経験した。

その後に、女優として映画・テレビ・舞台で活躍。

そんなある日のこと、封印していた超感覚が復活する。

株式会社 Muu を設立し、サロンをオープン。

ブログを始め、チャネリングメッセージを発信。

人気ブログランキングで自己啓発部門トップとなる。

ワークショップ、セミナー、トークショーを全国で開催している。

YouTube での超次元ライブ「迷宮からの脱出　パラレルワールドを移行せよ！」では、
さくやさんのメッセージの通訳を担当している他、ミナミ A アシュタール Radio で
アシュタールのメッセージを伝えている。

ミナミのライトらいとライフ
https://ameblo.jp/kuni-isle/

破・常識　あつし

教師になるため、大学に進学。
しかし突然、俳優になるために 18 歳で上京した。
5 年の俳優養成期間を経て劇団に入りプロの役者となる。
メインキャストとして 2000 を超える舞台に立つ。
テレビ、映画、声優として活動する。
その後突然 22 年間在籍した劇団を退団し、俳優を休業。
株式会社 Muu を設立。
カウンセラー・セラピストになり、
全国でセミナー、ワークショップ、トークショーをプロデュースし、講師として活躍。
ブログで、真実の日本の歴史をはじめ、宇宙人のメッセージを発信。
YouTube での超次元ライブ「迷宮からの脱出　パラレルワールドを移行せよ！」では、
MC とプロデュースを手掛けている。

破・常識あつしの歴史ドラマブログ！
https ://5am5.blog.fc2.com/

【アシュタール　パラレルワールド ∞の未来】

発行　2023 年 9 月 25 日　初版第 1 刷発行
　　　2023 年 10 月 3 日　　　第 4 刷発行

著者　ミナミ A アシュタール ®
発行者 / 発売元　株式会社　破常識屋出版
https://www.ha-joshikiya.com/

〒 252-0804
神奈川県藤沢市湘南台 2-16-5　湘南台ビル 2F
電話番号　0466-46-6411

カバーデザイン　みづ

ISBN 978-4-910000-08-4
印刷製本　中央精版印刷株式会社